Chapter 2

日本人が言ってしまいがちなフレーズ集

11 〇〇, please　使い方によっては乱暴な言い方に 48

12 I don't know　それだけ言い放つとちょっと冷たい人 51

13 I work at 〇〇　「at」と「for」で仕事に対するやる気の差が出る！... 55

14 I think　「〜と思う」感をより出すなら「I feel like」の方が◎ 59

15 Let's play　大人の「遊ぶ」は何て言うのが正解？ 63

16 I enjoyed　「何を」楽しんだかを明確にすべし 67

17 good smell　順序を逆にすると生じる微妙な違い 70

18 Delicious!　「おいしい」という気持ちを相手に強く伝えたいときに .. 74

19 What is your hobby?　覚えておきたい「趣味」のフレーズ 78

20 It's OK　その言い方だと全然「OK」じゃない 81

Chapter 3

同じ意味の単語、その使い分けを知りたい！

21 May I 〜 / Can I 〜

　　　友達に「May I 〜」を使うとちょっと堅苦しい 86

22 will / be going to　この2つ、計画性があるのはどっち？ 91

23 can / be able to　「can」から漂う"上手にできる感" 95

24 must / have to　「〜すべき」の意思が強いのはどっち？ 99

25 do not / don't　「ダメ！」を強く言いたいときは省略しない 103

26 go / come　使い方によっては"行く行く詐欺"になってしまう ... 105

その英語、
本当にあってる?

ネイティブなら
こう答えます

Kevin's
English Room

KADOKAWA

はじめに

この本を手に取っていただいた皆さん、初めまして！
Kevin's English Room のケビン、かけ、やまと申します。
まずは簡単な自己紹介から。

僕たちは、YouTube と TikTok に、あらゆるテーマで英語の動画をアップしています。
といっても、ガチガチのお勉強系コンテンツではなく、「Fuck の使い方あるある」や「英語で Cooking」など、楽しみながら英語のカルチャーを体感できるような内容のものを目指しています。

基本的に台本はないので、正解がわからずに終わることもしばしば。
アメリカ育ちでバリバリのネイティブスピーカーのケビンでさえ、「あれ、これってこの言い方でいいんだっけ……？」と迷うことがあります。
でも実は、それこそが言語の本質なのかもしれません。
英語に限らず、言語は立体的なもの。
1つの単語、1つのフレーズでも、見る角度によってさまざまな意味があり、いつも正解は1つとは限らないからです。

本書では、ネイティブのケビン、トリリンガルのやま、英語勉強中のかけが、日常会話に便利なカルチャー英語についての模索を繰

り広げています。

　テストや英文法の勉強の参考にはならないかもしれませんが、会話に役立つリアルなフレーズや、ネイティブが感じている微妙な言葉のニュアンスをたくさんピックアップしました。

　まず Chapter 1 では、学校で習ったベーシックなフレーズが、日常会話で実際に使われているのかを検証。

　続く Chapter 2 は、日本人が誤ったイメージで理解していそうなフレーズを紹介します。

　Chapter 3 では、「must」と「have to」、「meet」と「see」といった同じ意味の２つの単語を比べ、そのニュアンスの違いについて考察します。

　そして Chapter 4 は、「正しいスラングの使い方」。

「スラング＝ NG ワード」という印象があるかもしれませんが、実は、思いのほか気軽に使えるフレーズもたくさん。スラングが使いこなせれば、自分の気持ちをより豊かに、カッコよく表現でき、英語がもっと楽しくなると思います。

　そこでこの章では、使っていいフレーズやシチュエーションを見極めながら、スラングの正しい活用法について紹介します。

「How are you?」って本当に会話で使うの？

「fuck」を使いたいけど丁寧に言うには？

　そんなふとした疑問を突き詰めて考えていけば、思わぬ発見があるかも。

　僕たちと一緒に、英語の探索を楽しみましょう！

その英語、本当にあってる？
ネイティブならこう答えます

Contents

はじめに 2

Chapter 1

学校で習ったその英語、実際使うの？

01 How are you?
"3年ぶりに会ったいとこ"くらいの距離感の人に使う言葉 12

02 Goodbye "じゃあね"くらいのテンションで気軽に使ってOK 16

03 What is your name?
それだとまるで刑事と容疑者のやりとりみたい 20

04 My name is 〇〇
シンプルに名前だけ（＋笑顔、握手）でOK 23

05 You're welcome
ネイティブっぽい「どういたしまして」の言い方 27

06 How old are you? 初対面の人には絶対に使ってはいけない 30

07 What time is it now? 「now」、いらなくない？ 34

08 No, thank you 意図せず"突き放してる感"が出てしまう 37

09 Long time no see メールでも「no see」でいいの？ 40

10 What 〇〇 it is! 滲み出てしまうプリンセスっぽさ 43

27 **listen / hear** 意図して聞くか、自然と耳に入るか 108

28 **meet / see** "がっつり会う感"が強いのはどっち？ 111

29 **may / might** 「may」or「might」は確信度合いで使い分ける 115

30 **wear / put on** 「動作と状態の違い」ってどういうこと？ 118

31 **have lunch / get lunch** ランチの"お手軽感"で使い分ける ... 120

32 **take / get** なぜ「ポケモンtakeだぜ！」とは言わないのか 124

33 **so / very** 「very」の方が堅苦しく感じるのはなぜ？ 127

34 **at last / finally**
　　"お待たせ！感"を出したいときに言う言葉は？ 130

35 **some / any** 「なんでもいいから！」という必死感があるのは？ 132

36 **except / besides** ポイントは「すでに知っている」かどうか 134

37 **until / by** 「～までに」なのか、「～までずっと」なのか 137

38 **from / since** 会社が倒産してたら「since○○」は使えない 140

39 **it / this / that**
　　「それ」「これ」「あれ」なんとなくで覚えてない？ 142

40 **a / the** アメリカ人も混乱する冠詞の使い分け 144

Chapter 4

学校では絶対に教えてくれない「使えるスラング」

FUCK

01 **fuck** 感情の高ぶりを表現 151

02 **fucking ＋（形容詞）** マジで○○ 153

03 **you are fucked** あなたはもう終わりです 154

04 **what the fuck** はぁ？　なんだって!? 155

05 **fuck it!** どうでもええわ！ 157

06 **go fuck yourself! / fuck off!** どこかに消えろ！ 158

07 **fuck me** やっちまった、最悪だ 159

08 **don't fuck with me** なめるなよ！ 160

09 **don't fuck around** ふざけてないで、本気でやりな！ 161

10 **be fucked up** 頭がイカれてる 162

11 **I don't give a fuck** どうでもいいよ 163

12 **shut the fuck up** うるせー、黙れ！ 164

13 **motherfucker / fuck face** カス、クソ野郎 165

SHIT

14 **shit / holy shit** 感情の高ぶりを表現 167

15 **shitty ＋(名詞)** 使い物にならない○○ 169

16 **a piece of shit** ゴミ、ポンコツ 170

17 **take a shit / go shit** うんこしてくるわ 171

18 **know my shit** オレの仕事のことはオレが一番わかってる 172

19 **the shit** 最高、これしか勝たん 174

20 **full of shit** ウソつき、不誠実なヤツ 175

21 **in deep shit** かなりまずい状況 176

22 **scare the shit out of** 死ぬほどびっくりした！ 177

23 **scared shitless** めちゃくちゃ怖かった！ 178

24 **bullshit / bullshitting** でたらめ、たわごと 179

25 **no shit** マジで!?、当然だろ 180

DAMN

26 **damn** 感情の高ぶりを表現 183

27 **damn you!** お前、このやろう！ 184

28 **damn ＋(名詞)** ゴミ○○、ポンコツ○○ 185

BITCH

29 **bitch** ヘタレ(男性)、イヤな(女性) 187

30 **bitchy** ヘタレ、イヤな 189

31 **being bitchy** イヤな感じだよね 190

32 **son of a bitch** クソ野郎！ 191

33 **life is a bitch** 人生って大変だなぁ 193

ASS

34 **ass / asshole** （バカ寄りの）クズ 195

35 **dumb-ass** アホ、バカ 196

36 **jackass** アホでイヤなヤツ 197

37 **kick one's ass** ボコボコにしてやる 198

38 **badass** イケてる 200

39 **～one's ass off** 死ぬほど～ 202

40 **a pain in the ass** 関わったら面倒くさいヤツ 203

お上品スラング

41 **crap / snap / shoot**
　　既存スラング：shit（クソ！／あらゆる感情の高ぶり）...................... 205

42 **fudge**
　　既存スラング：fuck（クソ！／あらゆる感情の高ぶり）...................... 207

43 **darn / dang**
　　既存スラング：damn（ちくしょう！、マジで○○）......................... 208

44 **oh my gosh / holy moly**
　　既存スラング：oh my God（マジか）..................................... 209

45 **good grief**
　　既存スラング：oh my God（マジか）..................................... 211

コラム 日常会話でよく使う その他のスラング 212

コラム SNSやチャットで使えるテキストスラング 213

特別鼎談

3人が初めて語る　Kevin's English Room 誕生秘話

.... 214

おわりに 222

Kevin's English Room メンバー

ケビン

アメリカのジョージア州生まれ＆育ち。高校1年生のときに日本に来て以来10年日本住み。

かけ

YouTube、TikTok の企画／ディレクション担当。TikTok のネタを考えている人。

やま

日本語以外に英語とフランス語が話せるトリリンガル。

Chapter

1

学校で習った
その英語、
実際使うの？

How are you?

"3年ぶりに会ったいとこ"くらいの
距離感の人に使う言葉

Kevin's English Room Chat

> ## 「元気ですか?」のくだけた言い方

英語の授業でまず習う言葉といえば、**「How are you?」「I'm fine, thank you.」**だよね。「調子はどうですか?」「元気です、ありがとう」って意味だけど、ケビン、日常会話でこんなやりとりよくしてる?

かけ

ケビン

> してない。っていうか、**今までしたことない。**

本当に!? じゃあ、どんなときに使うフレーズなの?

やま

ケビン

> **「How are you?」「I'm fine, thank you.」は、実はかなり硬い印象を受けるフレーズ。**リアルな日常会話では、仲がいい人に対してはあまり使わない言葉だね。それほど頻繁に会わなくて、そこまで親しくない人……例えば、**3年ぶりに会ったいとこ**に対してだったら使うかもしれない。

微妙な距離感の人ね(笑)。

かけ

ケビン

「元気です」って返すときも、「I'm fine.」だけならまだしも、**そこに「thank you」がつくと、「これ以上話を続けたくない」っていうニュアンスすら感じちゃう。**

「thank you」なのにネガティブな表現にもなるんだ！ でも、ケビンはよく**「How are you doing?」**っていうフレーズは使ってない？「How are you?」と何が違うの？

やま

ケビン

「How are you」に「doing?」をつけるだけで、フレンドリーさがグッと増して使いやすくなるんだよ。 例えば、会社の上司とか、同じチームのメンバーとか、友達じゃないけど親しみを込めて挨拶したいときにふさわしい言葉だね。日本語で言うと、「最近どう？」みたいな感じ。

じゃあ、僕たちくらいに仲が良かったら？

かけ

ケビン

「What's up?」か**「What up?」**が定番かな。「What up?」は「ワラップ」って発音するんだけど、「What's up?」のさらにくだけた言い方だよ。それに対しての回答は、「Yeah.」（普通だね）とか「Nah.」（別に）とか、そのくらい簡潔なのが自然。

めちゃくちゃ絶好調だったら？

やま

ケビン

よく言うのは、「I'm doing great!」とか「Couldn't be better!」。どちらも「絶好調！」っていうニュアンスに近いかな。あとはその人のワードチョイスによるけど、単純に「Fantastic!」（すばらしいよ！）って叫ぶだけでもいいし。

すごい調子が悪かったら……？

かけ

ケビン

調子はあんまりだな〜って感じなら「Not so good.」、信じられないくらい絶不調なら「I'm dying.」（死にそう）っていう言い方もできるかな。ちなみに、かしこまった場で「How are you?」って聞かれたときは、元気じゃなくても「I'm fine.」って答えるのが一般的。あくまで社交辞令としての挨拶だからね。

まとめ

「元気ですか?」「元気です」の言い方

How are you doing?
I'm fine. / I'm good.
友達ほどカジュアルには接せないけれど、親しみを込めて挨拶したいときに便利な言葉。もちろん、友達に使ってもOK。回答は、「I'm fine.（thank youはつけない）」や「I'm good.」などが一般的。

What's up? / What up?
Yeah. / Nah.
仲のいい友達に対して使う、かなりくだけた表現。答え方は、「Yeah.」（普通だね）、「Nah.」（別に）くらい簡潔に。

I'm doing great! / Couldn't be better!
「絶好調！」「めちゃくちゃ調子いいよ！」。調子がいいときの返答例。

Not so good. / I'm dying.
「あんまりよくないね」「死にそう」。調子が悪いときの返答例。

親しい人に使う「How are you?」の意外な事実

ケビン

私たちくらい仲がよくても、シチュエーションによっては、あえて「How are you?」を使うこともあるんだよね。例えば、やまちゃんが、長年付き合っていた女の子と別れたとするじゃん？すごく落ち込んでいるやまちゃんに対して、気づかう感じで「How are you?」って声をかけるのはすごく自然。「大丈夫？」っていうニュアンスに近いかもしれない。

「How are you?」っていう言葉には、よりメンタルに問いかけているイメージがあるかも。「How are you doing?」なら、その人の行動に対して「最近どう？」って聞いている感じだけど、「How are you?」は、気分とか心情に対してアプローチしている印象を受けない？
かけ

ケビン

たしかに、シチュエーションによっては、「How are you?」にはエモーショナルな意味合いが含まれることもあるね。でもそれって、すごく微差。彼女と別れて悲愴感漂うやまちゃんに対して、「How are you doing?」って声をかけても全然不自然ではないよ。

とりあえず、その不吉なたとえはやめてもらっていいかな？（笑）
やま

「How are you?」は、シチュエーションによっては「大丈夫？」という相手を気づかうニュアンスを含む。

Goodbye

"じゃあね"くらいのテンションで 気軽に使ってOK

Kevin's English Room Chat

> ### 「**Bye-bye**」は発音の仕方に注意すべし

日常会話で「さようなら」ってあんまり使わないよね。友達に「さ ▶
ようなら」って言うと、言い方によってはもう会わない感じすらす
る（笑）。

やま

「またね」や「バイバイ」は頻度が高いけど、あらたまって「さよ ▶
うなら」って言うことはないなぁ。「How are you?」と一緒で、
実は「Goodbye.」もそれほど使わない言葉だったりする？

かけ

ケビン

> いや、普通に使う。「Goodbye.」「Bye-bye.」「Bye.」、どれ
> も同じくらい使うし、ニュアンスも全部一緒だな。「じゃあね」
> と「じゃあな」くらいの違いしかない。

そうなんだ！ 「Goodbye.」は、あらたまったシチュエーション ▶
のときに使う硬い表現なのかと思ってた。

かけ

でも、目上の人に「じゃあね」って言うのは失礼じゃない？ 例え ▶
ば、上司に「Bye-bye.」って言っても問題ないの？

やま

ケビン

問題ないけど、発音の仕方に気をつけなきゃダメだね。**目上の
人に対して言うときは、「バイバイ」じゃなく「ババ
イ！」って発音すれば失礼にあたらない**。逆に、日本人が
よく言うテンションで「バイバ～イ！」って陽気な感じで言う
と、さすがに失礼な感じがするな。

「ババイ！」っていうのは初めて聞く発音かも（笑）。

やま

ケビン

たしかに聞かないね。「バイバ～イ！」だと、やっぱりちょっと
友達感が強い気がするんだよな。目上の人に対しては、キリっ
とした感じで「ババイ！」。

発音の仕方の違いで印象が変わるのはおもしろいね。日本語なら、
目上の人に対して「バイバイ」は絶対に NG だけど、英語は発音
の仕方さえ気をつければ OK なんだね。

かけ

まとめ

「さようなら」の言い方

Goodbye. / Bye-bye. / Bye.

「Goodbye.」「Bye-bye.」「Bye.」の表現のニュアンスはどれも変わ
らず、日常的によく使う言葉。目上の人に使ってもいいけれど、
「Bye-bye」を言うときは、「ババイ」と発音しないと失礼にあたる。

ちょっと気をつけたい「See you later」の使い方

別れの挨拶でいうと、ほかにも「See you again.」「See you later.」「Have a nice day.」とかいろいろあるよね。

やま

ケビン

そうだね。「See you again.」「See you soon.」（また会おうね）、「See you later.」（また後で）、「Have a nice day.」（よい1日を）。ほかにも、「See you around.」「Take it easy.」（じゃあね）なんて言い方もあるよ。

「Catch you later.」（また後で）とかもあるよね？ 別れの挨拶のバリエーションは無限だな。

やま

ケビン

言い方はさまざまだけど、意味やニュアンスは大体一緒かな。日本語と一緒で社交辞令の挨拶だから、好みでフレーズを使うといいと思う。

日本だとさ、「お疲れ様でした」とか「失礼します」とか、目上の人への別れの挨拶に結構バリエーションがあるじゃない。英語はないの？

かけ

ケビン

う〜ん……。目上の人だけに使う言葉はないけど、しいて言うなら、**「See you later.」とか「See you.」は、ちょっとだけフランクな印象を与えるから、目上の人に使うのはやめた方がいいかも。**

え!? なんで？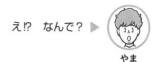

やま

ケビン

……なんでだろうなぁ（笑）。

もしかしたら、時間的なことが関係しているのかな。「See you later.」って、単純に「またね」っていう意味のほかに、「後で会いましょう」みたいなニュアンスもあるじゃん。その**"いつでも会える感"** が、ちょっと失礼なのかも？

かけ

ケビン

そうだね、"いつでも会える感＝友達感"が出ちゃっている。「See you.」は、「See you ○○」の○○を省略していて、少し雑な印象を受ける。

日本語なら、上司に向かって「おつ」って言ってる感じ？

かけ

ケビン

それに近いかも（笑）。

> **「See you later.」「See you.」はややカジュアルな印象。目上の人には、P17 の 3 つに加えて「See you again.」などを使おう。**

What is your name?

それだとまるで
刑事と容疑者のやりとりみたい

Kevin's English Room Chat

> ### How should I call you? がナチュラル！

ケビン

「What is your name?」（あなたの名前は？）……実はこれも、日常会話では全然使わないフレーズ。

えー！　日本人が絶対に覚えるフレーズじゃん。
やま

ケビン

しいて使いそうなシチュエーションを挙げるなら、**入国審査や事情聴取のとき**とか。入国審査官が観光客に向けて「What is your name?」。あるいは、刑事が取調室にいる容疑者に「What is your name?」……そんな感じのイメージだな。

すごいちゃんとした身元確認のときに使うってことか。予想以上に硬いフレーズだった……。
かけ

ケビン

日常会話で使っても間違いじゃないんだけど、ちょっと違和感があるんだよな。一番自然に使えるおすすめのフレーズは、**「How should I call you?」（なんと呼べばいいですか？）**。初対面の人にも目上の人にも使えて、ほどよくフレンドリーな印象を与えるね。それか、シチュエーションによっては、「Name?」とか「Your name?」くらいシンプルに聞く場合もある。

「Name?」「Your name?」は、かなりくだけた言い方に聞こえるけど。

やま

ケビン

> いや、逆にフレンドリーな感じはあまりなくて。例えば、予約しているレストランに行ったときに、店員さんに名前を聞かれる感じかな。

はいはい。レセプションで店員さんと「Your name?」「Kake」っていうやりとりをするイメージね。

かけ

ケビン

> そうそう。くだけた言い方ではあるんだけど、あまり友達にかける言葉ではないかもね。

まとめ

「あなたの名前は?」の言い方

How should I call you?
相手が誰でも使いやすい、フレンドリーな印象を与えるフレーズ。

Name? / Your name?
レストランのレセプションなど、公の場で使われることが多いフレーズ。

What is your name?
入国審査や事情聴取で身元確認のために使われるような、硬いフレーズ。

「What is」と「What's」で受ける印象は大違い

ケビン

「What is your name?」だと違和感があるんだけど、**「What's your name?」**なら、不思議とまったく違和感がない。

「's」になるだけで、そんなに印象って変わるもの？
かけ

ケビン

日常会話で名前を聞くときに、わざわざ「What is」って「is」をつける人はほぼいないんだよね。間違いではないんだけど、ちょっと「ん？」ってなる。だったら「What's」でいいし、その方が自然に耳に入ってくるな。日本語で言うと、「名前はなんですか？」と「名前はなんて言うんですか？」くらい違う。

……あんまり違いは感じないけど（笑）。
やま

ケビン

うーん、説明が難しいけど、とにかく受ける印象が全然違うんだよ（笑）。

「What is your name?」ではなく「What's your name?」なら、日常会話で使っても自然な印象になる。

My name is ◯◯ 04

シンプルに名前だけ
（＋笑顔、握手）でOK

Kevin's English Room Chat

> ## 「私の名前は〜」ともったいぶらない

「What is your name?」があんまり使われないってことは、もしかして「My name is ◯◯」（私の名前は◯◯です）も……？
やま

ケビン

> これはシチュエーションによるね。まず、会話の流れで名前を聞かれて一番自然な返し方は、**「I'm ◯◯」** っていうフレーズ。「What's your name?」「I'm Kevin.」って感じ。

「How should I call you?」って聞かれたら？
かけ

ケビン

> 「なんて呼べばいいですか？」だから、「Kevin」だけ。

「I'm Kevin.」って答えるとそのままそう呼ばれちゃうのか（笑）。
かけ

ケビン

> というか、「What's your name?」って聞かれたときも、シンプルに「Kevin」だけでいい。なんなら「What's your name?」すらいらない。

えっと、どういうこと？（笑）

やま

ケビン

初対面のときによくある光景なんだけど、「Hi! Kevin.」って言って握手すれば、それで伝わるんだよね。「あなたの名前は……」とか「私の名前は……」とかいらない。笑顔で握手しながら「Kevin!」でOK。

笑顔と握手があれば、名前だけでも自己紹介してるのが伝わるってことね。

かけ

ケビン

そう。その笑顔と握手が「I'm ○○」も、なんなら「Nice to meet you.」も表現してくれてるから。

リアクションが大きいアメリカならではの文化！

やま

日本語なら、相手がどんなに笑顔でも、初対面でいきなり「ケビン！」って言いながら握手求められたらびっくりするわ（笑）。

かけ

ちなみに、「My name is ○○」はどんなときに使うの？　日常会話で使ったら変なの？

やま

ケビン

何かしらの形式があるときだな。例えば、プレゼンで、「順番に自己紹介しましょう、じゃあまず一番右の人から」って言われたときには「My name is Kevin.」でOK。あと、結婚式でよく流されるサプライズの動画なんかでさ、新郎新婦の同級生が登場したりするじゃない。そういうシチュエーションでも、「Hi! My name is Kevin!」が自然だね。

日常会話じゃなくて、ちょっとかしこまった自己紹介の場なら「My name is ○○」がベターってことなんだね。

かけ

ケビン

そういうこと！

「私の名前は○○です」の言い方

I'm ○○ / ○○（名前のみ）

「What's your name?」と聞かれたら、「I'm ○○」が最も自然な返答。シンプルに名前だけ（＋笑顔と握手）でも OK。「How should I call you?」と聞かれたら、名前だけ伝える。「My name is ○○」はややかしこまった自己紹介の場で使うフレーズなので、日常会話ではあまり使われない。

「I am ○○」は、ちょっと含みがあるフレーズ

さっきやった「What is your name?」で、「What is」と「What's」で印象が全然違うっていう話があったじゃん。同じように、「I'm ○○」と「I am ○○」も違うの？

かけ

 全然違う。仮にネイティブの人が、わざわざ「am」をつけて自己紹介したら、**そこに何か意味があるのかもって思っちゃうね。**

ケビン

海外ドラマであるあるなのが、「am」をわざと強調するように言って、「私があのケビンですけど？」みたいなニュアンスを出すやつ（笑）。

かけ

あるなー（笑）。

やま

 例えば、かけちゃんとやまちゃんがこっそり私の悪口を言ってたとする。それを私が陰で聞いていて、突然登場して「私が（あんたたちが今まで悪口を言ってた）ケビンです」みたいなニュアンスを込めて「I am Kevin.」って言ったりするよね。「I'm」って略せるのに、あえて略さず「I am」って言うときは、何かしらの含みが込められていることが多いかも。

ケビン

「I am ○○」という自己紹介のしかたは、やや意味深なニュアンスを与えるケースがある。

You're welcome 05

ネイティブっぽい 「どういたしまして」の言い方

Kevin's English Room Chat

> 7つの言い方を自分好みで使い分けよう

「Thank you」って言われたら何て返す？

かけ

ケビン

はいはい。これはたくさんあって、一番おすすめなのは **「My pleasure.」** だね。

直訳すると、「私の喜び」。

やま

ケビン

お礼の返答としては、**「全然いいの、私もうれしいから」**って感じ。これは本当によく使う。

サラッと言えたらスマートな感じがしてカッコいいかも。日本語
にはない表現だよね。

かけ

日本語では一番メジャーな「You're welcome.」は、実はあんま
り使わない？

やま

ケビン

いや、日本語と同じくらい普通に使う言葉だよ。ちなみに、**「You're very welcome.」**っていう言い方もあるんだよね。意味としては、なんだろう……「どういたしまして！！」かな。

その違いはなに？（笑）「どういたしまして」の強いバージョン？ ▶

やま

ケビン

例えば、子どもに「ありがとう」って言われたときの返答にぴったりだね。小さい子に対して、オーバーリアクション気味に「どういたしまして！」を伝えるイメージ。

「どういたしまして」のオーバーかつコミカルな言い方だね。友達 ▶
にギャグっぽく言うときとかにも使えそう。恩着せがましい感じ
の言い方で（笑）。

かけ

逆に、もっと簡潔な「どういたしまして」はないの？ 友達に「あ ▶
りがとう」って言われて「おう」とか「いいえ〜」って返すくらい
のさ。

やま

ケビン

シンプルな返答としては、**「Sure.」（もちろん）、「Of course.」（もちろん）、「Uh huh.」（うん）** が使いやすいかな。あと、普通に言ったら冷たい感じになるから気をつけないといけないんだけど、**「No!」** っていうのもある。

「Thank you」って言われて「No!」って返すのは違和感がある ▶
なぁ。これはどんな言い方だったらいいの？

かけ

ケビン

おばちゃんがさ、「全然いいから、遠慮しないでちょうだい！」って言いながら肩をバシバシ叩いてくる感じをイメージしてほしい。「水くさいわね！」みたいな気持ちを全身全霊で表現しながら「No!」。

ちょっと練習が必要かもしれない（笑）。

やま

まとめ

「どういたしまして」の言い方

My pleasure.（全然いいよ、私もうれしい）
You're welcome.（どういたしまして）
You're very welcome!（どういたしまして！）
※子どもに対してなど、「どういたしまして」をコミカルかつ
　オーバーに伝えたいとき
Sure.（もちろん）
Of course.（もちろん）
Uh huh.（うん）
No!（全然いいよ）※言い方に注意

06

How old are you?

初対面の人には
絶対に使ってはいけない

Kevin's English Room Chat

> もし年齢を聞きたいならクッション言葉をはさむこと

日本では、人に年齢を聞くのはやや失礼だっていう認識があるよね。アメリカではどう？

かけ

ケビン

アメリカでも、特に女性には、年齢を聞くことは少し失礼にあたるっていう文化があるね。その前提でいうなら、「How old are you?」はちょっとダイレクトすぎる印象。どっちかっていうと、**疑いの目で見ている人が言いそうなフレーズ**だな。

疑いの目……？

やま

ケビン

例えば、お酒を買おうとしてるお客さんが未成年に見える場合に、お店の人が「How old are you?」って言うのはすごく自然。同じように、道端で中学生がタバコを吸っているのを警察官が見つけて、彼らに対して「How old are you?」って聞いたりするシチュエーションとかね。

そういう意味の「疑い」か。じゃあ病院で年齢を聞くときは？ お医者さんが患者さんに「How old are you?」って聞くのは変？

かけ

ケビン

その場合は「What is your age?」が自然かな。情報として年齢を知りたいっていうニュアンスがある。

じゃあ普通に、日常会話で人に年齢を聞きたいときはどうすればいいの？

やま

ケビン

うーん、パッと思い浮かばないくらい聞きづらい質問なんだよなぁ……（スマホをいじりだす）。

「英語　年齢　聞き方」でググるな（笑）。

かけ

ケビン

やっぱり、日本語の「おいくつですか？」みたいな、ワンフレーズの丁寧な年齢の聞き方は英語にはない。ちょっとまわりくどいけど、**「Excuse me」「I'm sorry, but」とかのクッション言葉を入れたうえで、「Can I ask your age?」って丁寧に聞くのが無難かも。**

まとめ

「何歳ですか?」の言い方

Excuse me, can I ask your age?
I'm sorry, but can I ask your age?

人に年齢を聞くとき、「How old are you?」はややダイレクトすぎる印象。「Excuse me」「I'm sorry, but」を冒頭につけたうえで、「Can I ask your age?」と丁寧に聞くのがベター。

仕事の面接で年齢を聞くのは違法なの!?

ケビン

知ってた？　アメリカでは、仕事の面接で年齢を聞くと違法になる州があるんだよ。

え！　めちゃくちゃ厳しいね。
かけ

ケビン

年齢に限らず、性別、宗教、国籍についての質問をタブーとしている企業も少なくない。従業員を雇う際に、そうした背景を考慮することは差別と見なされているからなんだ。

アメリカは差別に対する感度が日本よりも全然高いもんね。人種
も宗教も多様だから、必然なのかもしれない。
やま

ケビン

奴隷制度をはじめとする歴史的背景もあったりして、アメリカの差別問題は古くから根深く存在してる。性別や人種、宗教だけじゃなくて、あらゆるマイノリティへの偏見をケアしていこうっていう空気感がすごくあるんだよね。

ちょっと腑に落ちないのが、英語って基本的にタメ口じゃない？
映画なんかでも、年上の上司や先生に対してすごくフランクに接しているシーンがあるけど、年齢の聞き方をすごく配慮する割には、そこはくだけてるんだって不思議な印象を受ける。
かけ

ケビン それも、年齢による差別や偏見をなくそうっていう意識の表れだと思ってる。もちろん、英語にも丁寧な言い回しはあるけど、必要以上に年齢の壁を感じさせないっていう文化が根底にあるんだろうな。

なるほど。そういう意味では一貫しているね。

かけ

ケビン ただ、単純に「失礼かも」っていう理由で、年齢を聞くのが憚（はばか）られるっていう感覚はアメリカでもあるよ。特に女性に年齢を聞きづらいっていうのもそういう心理が大半なんだけど、本質的な部分にフォーカスをあてると、アメリカの差別に対するそうした土壌が見えてくる。

アメリカの人と会話するとき、少し頭に置いておくといいかもね。

やま

アメリカでは、差別的な要素を排除するため、仕事の面接で性別、年齢、国籍、宗教などに関する質問をすることを違法としている州がある。

07

What time is it now?

「now」、
いらなくない？

Kevin's English Room Chat

> スマートに「今何時ですか?」と聞きたいとき

What time is it now? ▶

かけ

ケビン

> It's 8 pm. ……かけちゃん、その英語も、実はちょっと違和感がある。

えぇ～! これも絶対覚えるフレーズなのに。もう何も信じられない……。 ▶

かけ

ケビン

> いや、間違いじゃないし、日常会話で使っても変じゃないのよ。でも、もう少しスマートな言い方があるかなと思って。**例えば「What time is it?」っていうふうに、「now」をとるだけでもっと自然な感じで耳に届く。**

「now」があると違和感がある? ▶

やま

ケビン

「今何時ですか?」。日本語だと「今」が入ってても全然普通なんだけど、英語だとちょっと引っかかるんだよなぁ。わざわざ言わなくてもわかるし、みたいな。

「今何時ですか?」の違う言い方はあったりするの?

かけ

ケビン

「Do you have the time?」がおすすめ。スマートな時間の聞き方だね。

「have」を使うんだ。「時間がわかる何かを持っていますか?」っ
ていうニュアンスがあるのかな。例えば時計とかさ。

かけ

ケビン

そうだね。時計っていうより、「時間についての情報を持ってますか?」っていうイメージに近いフレーズかも。結果、「今何時ですか?」っていうことになるんだけど。

まとめ

「今何時ですか?」の言い方

What time is it? / Do you have the time?
「What time is it now?」でも間違いではないが、日常会話では「now」をつけないことが多い。

「time」に「the」をつけるか、つけないか

ちょっと気になってたんだけど、「Do you have the time?」って いう言い方なら、「time」に「the」がつくんだね。

やま

ケビン

それはいい発見。これ、**「the」をとって「Do you have time?」って言うと、「お時間ありますか？」っていう全然違う意味になっちゃうんだよね。**

なるほど。「the」で特定することで、まさに今の時間を聞いてる ことになるんだ。

やま

「Do you have time?」（お時間ありますか？）と「Do you have the time?」（今何時ですか？）。「the」の存在感、めちゃくちゃ 大きいな〜。

かけ

ケビン

めちゃくちゃ大きい。時間を聞きたいときは、「the」をつけ忘 れないようにしよう！

「Do you have the time?」（今何時ですか？）、「Do you have time?」（お時間ありますか？）。「time」に「the」があるかない かで意味が変わる。

No, thank you

08

意図せず "突き放してる感"が出てしまう

> 「私は大丈夫！」的、感じのいい断り方

「No, thank you.」（結構です）って、実はちょっと失礼っていう話あるよね。

やま

うそ。「thank you」が入ってるのに？

かけ

ケビン

失礼っていうか、たぶん日本人が想定しているより冷たい印象を与えるフレーズだと思う。**「thank you」っていうフレーズが入ってても、相手への感謝はあんまり感じられない。**突き放してる感じすらある。

まじか。じゃあ、感じよく断りたい場合は何て言えばいいんだろう。

かけ

ケビン

例えば、**「No, I'm good. Thank you.」**。「no」と「thank you」の間に、「I'm good」「I'm OK」「I'm fine」とかのクッション言葉を付け加えることで、**すごく柔らかい印象になる**ね。

「私は大丈夫です」みたいなニュアンスが加わるんだね。

かけ

ケビン

そうそう。ちなみに友達に使う場合は、「No, I'm OK. Thanks.」みたいに「thank you」を「thanks」って言った方が自然かな。

「No, thank you.」だけじゃなくて、何かしらフォローする言葉を足した方がいいってことだよね。「I'm OK.」とかもそうだけど、例えば「No, but thanks for asking.」（結構です、でも聞いてくれてありがとう）とかさ。

やま

なるほど。アメリカって「NO をハッキリ言う文化」っていうイメージがあるけど、言葉でちゃんとフォローすることで成り立っているのかも。

かけ

まとめ

「結構です」の言い方

No, I'm good. Thank you.
No, I'm OK. Thank you.
No, I'm fine. Thank you.

「No, thank you」だと冷たい印象を与えてしまう。「I'm good」などのフレーズで「私は大丈夫です」というニュアンスが加わり、柔らかい表現になる。

「No thank you」はワンフレーズで言おう

ってことはさ、「No, thank you.」っていうフレーズは、日常会話 ▶ ではほぼ出てこないと思って OK？

かけ

ケビン

> ところが、そういうわけでもなくて。本当にリアルな日常英会話の話になっちゃうんだけど、「No, thank you.」は割と頻繁に使うフレーズなんだよね。

「No, thank you.」は"突き放してる感"があるっていうさっきの ▶ 説明でいくと、すごい殺伐とした空気で会話してるってこと？（笑）

やま

ケビン

> じゃなくて、言い方の問題なの。「No, thank you.」っていうふうに、**「No」と「thank you」の間に「,」が入ると、突き放してる感じがする。**「結構です」みたいね。ところが、**「No thank you」ってワンフレーズで言えば、「大丈夫です〜」みたいなニュアンスになるんだよなぁ。**

「ノー。サンキュー」なら、否定の「ノー」が強調されて、冷たい印 ▶ 象を与える。でも、「ノーサンキュー」ならやさしい言い方になる？

かけ

ケビン

> そういうこと！　多分、後者の方が、日本人が想像する「No, thank you.」の意味合いに近いんじゃないかな。

「No, thank you.」（結構です）は、「No thank you.」とワンフレーズで流れるように発音すれば、きつい印象を与えない。

09

Long time no see

メールでも
「no see」でいいの？

Kevin's English Room Chat

> 「久しぶり」の言い方いろいろ

「久しぶり！」は「Long time no see.」って習ったんだけど、これって実際に使う？　映画とか観てると、もっと別のフレーズを使ってることが多い気がするんだよな。

かけ

たしかに「久しぶり」はいろんな言い方がありそう。

やま

ケビン

えっとね、まず「Long time no see.」は、日常的によく使われる言葉。でも2人が言う通り、ほかにも言い方がたくさんあって。**例えば「It's been a long time.」「It's been ages.」「It seems like ages since we've last met.」** とかが一般的かな。

「ages」って単語を使うんだね！「年齢」とか「時代」って意味だよね。

かけ

ケビン

そうだね。「It's been ages.」は直訳すると「何時代も経った」っていう誇張表現になるけど、友達に使えるカジュアルなフレーズだと思う。

「久しぶり」度合いに違いはある？ 例えば「ages」は、何年も会
っていない人限定のワードとか。

かけ

ケビン

> いや、どのフレーズも、会ってない期間がどれくらいかは関係
> ない。どれも一様に「久しぶり」っていう意味で、会わなかった
> 期間が 3 日でも 10 年でも普通に使えるよ。

ちなみに、メールや LINE で「久しぶり」って言いたいときに、▶
「Long time no see.」を使うのはあり？

やま

ケビン

> 意味は伝わるけど、「see」は「会う」だからちょっと違和感が
> あるかな。テキストベースなら、「It's been a long time.」「It's
> been ages.」の方がふさわしい気がするね。

まとめ

「久しぶり」の言い方

Long time no see.
It's been a long time.
It's been ages.
It seems like ages since we've last met.

会わない期間の長さを問わず、いずれも「久しぶり」という意味。
ただし、メールなどの文章で「久しぶり」と伝えたい場合は、「see」
を含まない「It's been a long time.」「It's been ages.」を使うのが
ベター。

第一声は「久しぶり！」ではない

ケビン

久しぶりの友達に会ったとき、日本語なら第一声が「久しぶり！」じゃない。ところが英語の場合、会ってすぐ **「Long time no see!」** って言うのはちょっと違和感があるんだよな。

へえ！　何て言うのが自然なの？

やま

ケビン

「How were you?」とか「How've you been?」とか。「どうしてたの？」「元気してた？」っていう意味なんだけど、まずこのフレーズを言ってから、「Long time no see.」って続くのが自然な会話の流れ。

日本語と逆なんだね。日本語なら、「久しぶり！　元気だった？」だもん。

かけ

ケビン

「元気だった？　久しぶり！」だとちょっと気持ち悪い感じするじゃない？　同じ感覚で、「Long time no see. How were you?」だとなんか違和感。最初に「元気してた？」っていう相手を気づかう言葉があって、「久しぶり！」が来るのがスマートかな。

久しぶりに会った人に対し、第一声で「Long time no see.」など「久しぶり」という言葉をかけるのはやや違和感。最初に「元気してた?」という意味の「How were you?」「How've you been?」などの言葉をかけてから、「Long time no see.」を使おう。

What ○○ it is!

10

滲み出てしまう
プリンセスっぽさ

Kevin's English Room Chat

「なんて○○なんでしょう！」なんて日常会話で言わない

「What ○○ it is!」これも学校で習う定番のフレーズ。「なんて○○なんでしょう！」っていう感嘆文だけど、実際の会話であんまり聞かない気がする。

 これは使わないなー！　言われたら、**なんかディズニー映画みたいな雰囲気を感じてしまう（笑）。**

プリンセス感がある（笑）。

ちょっとセリフっぽいんだろうね。「なんて○○なんだ！」みたいな。日本語でもあまり言わない。

 ちょっと上品すぎて、このフレーズをめちゃくちゃ使う人とは友達になれないかもしれない（笑）。じゃあ、もっと実用的な言い方は何か。

シンプルに、「What ○○」だけならどう？　「What a great performance!」（なんてすごいパフォーマンス！）とか。

ケビン

いい感じ！　**最後の「it is」がなくなるだけで、私が感じてた"プリンセス感"がなくなる。**

「it is」がなくても意味は一緒なんだ？　

かけ

ケビン

一緒。加えて言うなら、「What a performance!」みたいに「great」がなくても意味としては伝わるよ。「なんちゅうパフォーマンスなんだ！」みたいな感じ。こっちの方が、日常会話なら自然かもしれない。

なるほど。例えば、サプライズでずっと欲しかったものをプレゼントされたときなんかは、「What a gift!」（なんてギフトなの！）って言えるのかな？　

かけ

ケビン

そうそう！　すごく自然な言い回しだね。

まとめ

「なんて○○なんだ！」の言い方

What ○○ !
「What ○○ it is.」は、日常会話で使うにはやや過剰な表現。「it is」を省略した方が口語的には◎。

例文
- **What a cool t-shirt!**（めちゃくちゃカッコいいTシャツだな！）
- **What an awful weather!**（なんて最悪な天気なんだ！）

感嘆文の「how」との使い分け

「What ○○ it is.」と似たフレーズで「How ○○ it is.」もよく
耳にするけど、この2つの違いは？

かけ

ケビン

これは単純に、「○○」の部分が名詞か形容詞かの違いだね。
「What」の後には名詞、「How」の後には必ず形容詞が来る。

「What a cute baby he is.」と「How cute he is.」(なんてかわ
いい赤ちゃんなの)の違いってことね。

かけ

「How」の場合もプリンセス感はある？

やま

ケビン

あるある。だから、「How」を使う場合も「it is」を省略するこ
とをおすすめします。

プリンセス感って何なんだよ(笑)。

かけ

「What ○○ it is」と「How ○○ it is」は同じ意味。ただし、
「What」の後には名詞、「How」の後には形容詞が来る。

Chapter

2

日本人が

言ってしまいがちな

フレーズ集

○○, please

使い方によっては
乱暴な言い方に

Kevin's English Room Chat

> なんでも「**please**」をつければいいわけではない

ケビン

> レストランでさ、店員さんに水を頼むときになんて言う？

いろんな言い方があると思うけど、一番シンプルなのは「Water, please.」とか？

かけ

ケビン

> それね、ちょっと失礼な言い方。**日本語にしたら「水！」って感じよ。**

うそ!?「please」がついてるから丁寧なのかと思ってた。

かけ

ケビン

> **「○○, please.」の丁寧な使い方は、何かを聞かれて返答するとき。** 例えば、店員さんに「Would you like something to drink?」（何かお飲み物はいかがですか？）って聞かれたとき、「Water, please.」って言うのはすごく自然で好印象。

なるほど。だから飛行機の機内食で「Beef or chicken?」って聞かれたときには「Beef, please.」になるわけか。

やま

ケビン

そういうこと！

レストランで普通に水を頼む場合は、もう少し丁寧な言い回しが必要になるんだね。

かけ

ケビン

「Could I have some water?」とか**「Can I get some water?」**とかかな。その後に「please」をつけると、より丁寧だね。

お母さんには？「水取って〜！」みたいな感じで。

やま

ケビン

お母さんに「please」は使わない（笑）。「Can you get me water?」で、「水持ってきてくんない？」ってニュアンスになるかな。

まとめ

「水をください」の言い方

Could I have some water?
Can I get some water, please?

「○○, please」は、「Would you like something to drink?」（何かお飲み物はいかがですか？）、「Water, please.」（水をください）のように、何か聞かれたときの返答の際に使うのがベター。レストランなどで水がほしい場合は「Could I have some water?」「Can I get some water?」が一般的で、語尾に「please」をつけるとより丁寧になる。

「お願い！」の「please」

「please」を単体で使うとどうなるんだろう？ イメージ的には、小さな子どもが親に「Please」（おねが〜い）っておねだりしてる絵が浮かぶんだけど。

かけ

ケビン

単体だと、かけちゃんが言う通り「お願い！」的な意味になるね。映画とかで「殺さないでくれ！ プリーズ！」みたいなシーンもよくある。「やめてくれ」「頼むから」って意味で。

「神様お願い！」みたいな感じで「Oh, please God!」っていう言い方もできそう。

やま

ケビン

でもなんか、日常的に使う「please」のイメージは、甘えん坊感が強いかなぁ。子どもとか彼女が言う感じ。

上司に使ったらヤバい？

かけ

ケビン

めちゃくちゃなれなれしいヤツって思われるからやめた方がいい（笑）。

「please」を単体で使うと「お願い！」という意味。文脈やシチュエーションによるが、お願いごとをするときに使うと甘えん坊感が強い。

I don't know

12

それだけ言い放つと
ちょっと冷たい人

Kevin's English Room Chat

> ## 「I don't know」より「I'm not sure」

ケビン

日本人って「I don't know.」（わかりません）をすごくよく使う印象があるけど、シチュエーションによっては、ちょっと冷たい感じがするフレーズなんだよね。知ってた？

知らなかった。なんて言っていいかわからないとき、普通に「I don't know.」って答えちゃってたなぁ。かなりなじみのあるフレーズなんだけど。

やま

ケビン

「I don't know.」だけだと、「私には関係ない」とか、「そんなことに興味はない」っていう印象を与えてしまう場合があるんだよ。 例えば、「Could you tell me how to get to Shibuya station?」（渋谷駅への行き方を教えてください）って聞いて「I don't know.」って返されると、「知らんわ」って言われた気分になる。

冷たいなー（笑）。知らないにしても、もう少しやさしく表現したい。

かけ

ケビン

それはすごく簡単で、**最初に「I'm sorry」をつけるだけでOK**。「I'm sorry, I don't know.」で、「すみません、知らないんです」っていうニュアンスになるよ。それか、**「I'm not sure.」** もおすすめ。意味的には「I don't know.」と同じだけど、「うーん、ちょっとわかりません」って感じで、ソフトな印象になる。

とりあえず、わからないときは「I don't know.」より「I'm not sure.」って言っておいた方がよさそう。

やま

そうだね。それか「I'm sorry」をつけるか。これは簡単でわかりやすいから、すぐ実践できそう。

かけ

ケビン

道を聞かれたケースなら、**「I don't know where it is.」**って答えるのもあり。「I don't know」に「where it is」がつくだけで、冷たい感じがかなり軽減される。

ふむふむ。要は、「I don't know」って一言で表現すると冷たい印象を与えちゃうってことなんだね。「I'm sorry」とか「where it is」とか、ある種のクッション言葉を一緒に使うと、かなりソフトな印象になる、と。

かけ

ケビン

ただ、これも言い方によるんだよね。道を聞かれて、「(困り顔で) I don't know……」って感じで答えるなら問題ない。「力になりたいけど知らないんです……！」っていう気持ちを込めてね。

ケビンは言い方と表情ですべて解決できそうだよね（笑）。

やま

「わかりません」の言い方

I'm sorry, I don't know.
「I don't know」だけだと「その質問には興味がない」「私には関係ない」といった突き放す印象を与える場合があるので、文頭に「I'm sorry」をつける。

I'm not sure.
「I don't know」よりやわらかい印象を与える。

I don't know what it is.
I don't know where it is.
I don't know who he is.
「それがなにか（それがどこか、彼が誰か）」わからないと何がわからないかを明確にすることで、「I don't know」よりやわらかい印象を与える。

例文
- **I'd like to go to Ueno park.**（上野公園に行きたいのですが）
  ——**I don't know where it is.**
    （上野公園がどこにあるかわかりません）
- **I love LISA of BLACKPINK.**
  （ブラックピンクのリサが好きです）
  ——**I don't know who she is.**（彼女が誰か知りません）

ネイティブ特有の「リンキング」とは

「I don't know」って、普通に発音すると「アイ・ドント・ノウ」
じゃない？　でも、ネイティブの人って、ほとんど「アオンノー」
って感じで発音するよね。あれ、密かにカッコいいなって思って
るんだけど。

かけ

ケビン

はいはい。**「リンキング」と言って、複数の英単語をつな
げて１つの英単語のようにスムーズに発音する、ネイテ
ィブ独特の発音ルールだね。** わかりやすい例で言うと、
「rock'n roll」（ロックンロール）。「rock and roll」っていう言葉
の「and」を「'n」と省略して、２つの英単語がくっついたよう
な発音方法になってる。スラングの一種なんだけど、ビジネス
やフォーマルの場でも普通に使われるよ。

スラングだけど、失礼な感じではないの？

やま

ケビン

失礼ではない。ただ「I don't know」に限っていうと、普通に
発音するより一層冷たい感じがするね。道を聞いて「アオンノ
ー」って返されると、ちょっと落ち込むかも（笑）。

**複数の英単語をつなげて１つの英単語のようにスムーズに発音す
る、ネイティブ独特の発音ルールをリンキングという。**

I work at ○○

13

「at」と「for」で仕事に対する
やる気の差が出る！

Kevin's English Room Chat

> ### 正社員なら「work for」を使うのが一般的だけど

これは僕も最近知って、結構びっくりしたこと。「仕事何してるの？」って聞かれたとき、「I work at ○○」と「I work for ○○」で、ちょっと印象が変わるんだよね。

やま

ケビン

変わります。ざっくり言うと、**「at」を使うとアルバイト、「for」を使うと正社員**ってニュアンスになる。

知らなかった！

かけ

「I work at McDonald's.」なら「マックでバイトしてます」、「I work for McDonald's.」なら「マックで社員として働いてます」になる。

やま

ケビン

その通り。「at」を使うと「その場所で働いています」っていうニュアンスが強くて、アルバイトなのかなって印象を受ける。「for」が入ると、「その会社のために働いています」っていう忠誠心を感じられるんだよな。

じゃあコンビニでアルバイトしてるケースだと、「I work at a convenience store.」っていう言い方が正しいんだ。

そうなるね。

「at」か「for」かで、その仕事への熱量の違いがでるんだね。

じゃあさ、正社員だけど忠誠心が低いパターンは？　例えば昔のケビンみたいに、「会社には勤めているけどやる気はありません」って人は「at」を使うべきなの？

その場合は「at」でOKですね（笑）。自分のやる気の問題だから。

反対に、アルバイトだけど、その会社のために超がんばっている人なら「for」を使うってことね。これ、会社のエライ人の前でうっかり「at」を使わないようにしないといけないね（笑）。

ちなみに、「○○で働いています」のほかの言い方はあるの？

うーん、そもそもアメリカでは、**仕事を聞かれたときに、働いている場所よりも内容を言うことが多い**んだよな。「I work for McDonald's.」よりも、「I'm a marketer for McDonald's.」（私はマクドナルドでマーケティング担当をしています）っていう答え方の方がナチュラル。

なるほど。じゃあ僕なら「I'm a content creator at Kevin's English Room.」で OK ？

かけ

そこは「for」を使おうよ！

やま

「〇〇で働いています」の言い方

I work for 〇〇. / I work at 〇〇.

原則として、正社員として働いている場合は「work for」、アルバイトの場合は「work at」という言い方をする。ただし、正社員でも忠誠心やモチベーションが低い場合は「work at」、アルバイトでも仕事への熱量が高い場合は「work for」でも OK。雇用形態よりも、仕事に対する姿勢に合わせて「for」「at」を使い分けよう。

例文

- **I work for Nintendo.**（私は任天堂で働いてます〔正社員〕）
- **I work at a nearby cafe.**
  （近所のカフェでアルバイトをしています）
- **I work part time for a publishing company because I wanna be an editor.**
  （編集者になりたいので、出版社でアルバイトをしています）

「work」と「working」に違いはあるの？

微差かもしれないけど、「I work for ○○」と「I'm working for ○○」、どっちも「○○で働いています」っていう意味じゃない。その２つに違いはあるの？

かけ

ケビン

うーん……。「I'm working for ○○」の方が、若干「今」感があるかも。例えば、前は違う仕事をしてたけど、今はここで働いてて、ゆくゆくは違うところで働きます……みたいな環境の変化を感じるかもしれない。

じゃあ、「I'm working」っていう言い方をしたら、転職を考えているようなニュアンスを与えちゃうってこと？

やま

ケビン

いや、そこまで確定的な意味合いはないかな。「I work」と「I'm working」はほとんど同じ意味で、しいて挙げるなら、「working」の方にはさっき言ったような背景が若干感じられる。でも、それって本当に微差。そんなに深く考えなくても大丈夫。

「I work for ○○」と「I'm working for ○○」に大きな違いはない。

I think

14

「〜と思う」感をより出すなら 「I feel like」の方が◎

Kevin's English Room Chat

> ### 「I think」の「たぶん感」は薄い

「I think」って便利な言葉じゃない？　「〜と思う」って日本語でも よく使うけど、「It's good」って言い切るよりも、「I think it's good.」の方が言いやすいシーンがたくさんある気がする。

ちょっと余白を残すというかね。「いい！」と「いいと思う」の違 いだよね。

 え？　その２つって一緒の意味じゃない？

意味は同じだけど、「いいと思う」の方がマイルドじゃん。

 そうなの!?　まったく同じテンションで使ってた。「いい！」も 「いいと思う！」も同じじゃない？

その言い方だと同じに聞こえるけど（笑）。一般的には、「と思う」 ってつけると、「（ほかの人はどう思うかわからないけど）私はい いと思う」っていうニュアンスが含まれる気がするな。なんだろ う、ちょっと極端だけど「たぶん」に近いかも。

ケビン

英語ではその感覚はあまりないかもしれない。いや、たしかに**「I think」には「たぶん」みたいなニュアンスもあるんだけど、実際の日常会話では、あんまりその役割を果たしてない気がする。**「It's good.」も「I think it's good.」も、受ける印象はまったく一緒。

なるほど。「I think」は「〜と思う」なんだけど、日本語よりも「たぶん」感が弱いってことね。

かけ

ケビン

「ちょっと自信ないけど、こう思う」っていうニュアンスをきちんと出したいときは、「I think」よりも**「I feel like」**を使った方がいい。「I feel like it's good.」なら、「私はいいと思う」っていう、少しオブラートに包んだ感じが伝わるな。

まとめ

「〜と思う」の言い方

I feel like

「I think」は、日本語より「〜と思う」というニュアンスが弱い。少し自信がないときや、「たぶん」のニュアンスを含ませたいときは、「I think」よりも「I feel like」を使うのがおすすめ。

例文

- **I feel like there's a need to identify the project's goals again.**

  (このプロジェクトの目的を再確認する必要があるように感じる)

- **I feel like the most delicious pizza is extra pepperoni pizza.**

  (一番おいしいピザはエクストラペパロニピザだと思うよ)

「〜と思う」のいろいろな言い方を覚えよう

「I think」「I feel like」のほかにも、「〜と思う」っていう意味の英語ってけっこうたくさんあるよね。

かけ

パッと思いつくものだと、「I guess」「I suppose」「I believe」とか。これってどうやって使い分けたらいいんだろう。

やま

ケビン

まず「I guess」と「I suppose」は、「〜だろう」っていう推測のニュアンスが強い気がするな。**「I think」が「〜と思う」っていう直感的なものだとしたら、「I guess」「I suppose」は、何かの根拠があって、それに基づいて推測している雰囲気がある。**

ってことは、「I think」よりも確信度合いが強いのかな？

かけ

ケビン

そうだね。さらに言うと、「I guess」より「I suppose」の方が、その意見に自信がありそう。かなり微差だけど、日本語にすると、「I think」（〜と思う）、「I guess」（〜かもね）、「I suppose」（〜だろうな）っていう感じ。

なるほど。「I believe」はどう？

やま

ケビン

「I believe」は、「私の記憶では〜」っていう訳がしっくりくる。例えば、「I think she wore a red dress.」と「I believe she wore a red dress.」はどっちも「彼女は赤いドレスを着ていたと思う」なんだけど、「I believe」の方が記憶をたどってる感があるから、確信度合いとしてはこっちの方が強い。

つまり、「I think」が一番フワッとしてるってことで OK?

かけ

ケビン

OK。汎用性があって、日常会話で一番使われるのも「I think」だね。

「〜と思う」のいろいろな言い方

I think / I feel like
「〜と思う」。直感的なニュアンスが強い。

I guess / I suppose
「〜と思う」「〜と推測する」。そう思うにいたった根拠や背景がある場合に使いやすい言葉。必然的に、「I think」よりも確信度合いが高い。

I believe
「〜と思う」「私の記憶では〜」。記憶に基づいてその結論にいたったニュアンスがあるので、「I think」よりも確信度が高い。

Let's play

15

大人の「遊ぶ」は
何て言うのが正解？

Kevin's English Room Chat

> 遊びに行きたいときは「**hang out**」を使おう

Let's go and play tonight!

かけ

What?

ケビン

今日の夜、ヒマなんだよね。So let's go and play tonight!

かけ

かけちゃん、その言い方だと「遊びに行こう！」とはならないよ。

やま

え!?　「play」は「遊ぶ」って習ったんだけど。

かけ

たしかにそうなんだけど、実際の日常会話では子どもに対して使
う表現。**大人に「遊ぶ」っていう意味で「play」はほとん
ど使わない**んだ。

やま

ケビン

大人が使うとしたら、例えばスポーツを「play」する、楽器を「play」する、音楽や映画を「play」する、みたいなシチュエーションだよね。だから、さっきかけちゃんが言った「Let's go and play tonight!」だと、「何をプレイするの?」って聞きたくなっちゃう。

なるほど。何をするかは決めてないけど、普通に「遊びに行こうよ」って誘う場合は何て言うのが正解?
かけ

ケビン

よく使われるのは **「hang out」** かな。「Let's hang out tonight!」で、特にやることは決まってないけど一緒に時間を過ごそうぜ、どっか行こうぜ、みたいなニュアンスになる。

それそれ、それが言いたかったんだよ。
かけ

逆に、「ラーメン食べに行こうぜ」とか「映画を観に行こうぜ」とか、明確にやりたいことがある場合は?
やま

ケビン

その場合は **「go out」** がすごく便利。「Let's go out to eat ramen.」(ラーメン食べに行こうよ)、「Let's go out to watch a movie.」(映画を観に行こうよ)とかね。

ちなみに、リモート飲み会やろうぜって何て言うの? 最近オンラインが多いから、「go out」とか「hang out」よりもそっちの方が使うかもしれない。
かけ

ケビン

「飲み会」は「drinking party」で、リモートだと「online drinking party」とか「virtual drink」って言ったりするかな。「We drank virtually.」(オンラインで飲みました)っていう表現のしかたもアリかも。

So, why don't we have a virtual drink tonight?

やま

ケビン

Sounds good!（いいね！）

かけ

まとめ

「遊びに行く」の言い方

hang out / go out

「遊ぶ」という意味の「play」は子どもに対して使う言葉。大人が友達に「遊びに行こうよ」と言いたいときは、「hang out」「go out」を使うのが一般的。

例文

- **Let's hang out tonight.**（今夜遊びに行こうよ）
- **Let's go out for some dinner.**（晩ご飯を食べに行こうよ）
- **I went out drinking with my friend yesterday.**
  （昨日は友達と飲みに行きました）

「go out」は単体で使うと「付き合う」という意味に!

ケビン

「go out」はちょっとトリッキーな言葉で、注意が必要。「出かける」のほかに、**単体で使うと「付き合う」とか「デートする」っていう意味になるんだよね。**例えば「Do you want to go out with me?」だと、「私とデートしない?」っていうニュアンスになる。

じゃあ、僕がケビンに「Let's go out tonight.」って言ったら、ちょっと変な雰囲気になっちゃうってこと?

かけ

ケビン

一瞬、「ん?」とはなるよね(笑)。

知らないで友達に使うと、変な誤解を招きそう!

やま

ケビン

単純に遊びに誘いたい場合は「hang out」、もしくは「go out」を使う場合は「何をするか」を明確にした方がいいかもね。

「go out」は単体で使うと「付き合う」「デートする」という意味になる。もし「go out」を使う場合は「何をするのか」も伝える。

I enjoyed

16

「何を」楽しんだかを明確にすべし

> ## 「I enjoyed.」だけでは伝わらない

よくあるフレーズの「I enjoyed it.」(楽しかった)。これ、意外と「it」をつけ忘れてしまう人が多い気がする。 ▶

かけ

たしかに、「楽しかった」という日本語そのままに、「I enjoyed.」って言っちゃいそう。 ▶

やま

ケビン

「I enjoyed it.」「I enjoyed the party.」。**「enjoy」の後には、必ず「何を楽しんだか」を表す言葉が来るね。**「I enjoyed.」だけだと、「何を楽しんだの?」って感じですごく違和感がある。でも、この違和感の理由をうまく説明できないな……。

「enjoy」は他動詞だからじゃない? ▶

かけ

ケビン

他動詞……?

日本では学校で習うんだけど、英語の動詞は、自動詞と他動詞の 2種類あって。**自動詞っていうのは、「go」とか「run」とか、その言葉だけで意味が成り立つ動詞のこと。反対に他動詞は、目的語を必要とする動詞のこと**をいうんだよ。「enjoy」もそうだし、「have」「like」なんかもそう。「何を？」って突っ込みたくなる動詞のこと。

かけ

自動詞と他動詞の両方の性質を持つ動詞もあったりして、文法的 にややこしいよね。この2つの使い分けに苦労する日本人は多いかも。

やま

なるほど！ 「I enjoyed.」はそもそも文法的に間違いだから、違和感があったのか。

ケビン

今知ったんかい！（笑）

かけ

まとめ

「楽しかった」の言い方

I enjoyed it.
「enjoy」は他動詞のため、「何を楽しんだか」を明確にする必要がある。

例文
- **I really enjoyed the party last night.**
  （昨夜のパーティは本当に楽しかった）
- **I enjoyed meeting my friends at the wedding today.**
  （今日は結婚式で友人たちに会えて楽しかった）
- **Did you enjoy your trip?**（旅行楽しかった？）

友達に「I enjoyed it」は照れ臭い？

でもさ、そもそも「I enjoyed it.」って使う？　ケビンと遊んでて
言われたことないんだけど。

かけ

ケビン

うーん、日常的に使われる言葉だけど、私的には、友達にわざ
わざ「楽しかった」って伝えるのが照れ臭いというか（笑）。特
に親しい友達には、「○○ was great.」みたいな具体的な感想
の方がカジュアルで使いやすいかも。

「○○ was great」も聞いたことないな。

やま

ケビン

言ってると思うよ！「The ramen was great.」（ラーメンおい
しかったね）とか「The movie was interesting.」（興味深い
映画だったね）とか。

照れ臭いってだけで、決して楽しくないわけではないんだよね？

かけ

ケビン

むしろずっと３人で遊んでいたいくらいだよ♡

**「I enjoyed it.」と友達に言うのは、ケビン的には照れ臭い。「○○
was great.」などの具体的な感想の方がカジュアルに使いやすい。**

good smell

順序を逆にすると生じる
微妙な違い

Kevin's English Room Chat

「**Good smell**」は間違いと習ったけど……

「いいにおい！」って、英語で何て言う？ ▶

かけ

ケビン

「Smells good!」、または「Good smell!」かな。

「Good smell!」でもいいんだ。なんとなく、「Good smell」は ▶
日本人が言いがちな間違った言い回しで、正しくは「Smells
good」なのかと思ってた。

かけ

ケビン

いや、日常会話ではどっちでも問題ない。でもその2つの違い
って何なんだろう？　意味はどっちも「いいにおい」なんだけ
ど……。

「Good smell」の場合は「smell」が「におい」っていう名詞の役 ▶
割を果たしていて、「Smells good」は「におう」っていう動詞に
なってるってことだと思う。

やま

文法的な違いはそういうことだよね。言葉の意味のニュアンス的 ▶
な違いはあるのかな？

かけ

ケビン

うーん……。これはかなり微妙な差なんだけど、**「Good smell」の方が、褒めの姿勢に入ってる気がする。**

なに「褒めの姿勢」って（笑）。
かけ

ケビン

「Smells good」を日本語に訳すと、「いいにおいがするね」になる。でも「Good smell」は、「におい、いいね」って感じに受け取れる。

後者は褒めの姿勢に入ってるの？（笑）
やま

ケビン

入ってるじゃん！　「におい、いいね」って、明らかに褒めてる。なんていうのかなぁ、「Good smell」の方が、"伝えたい感"がない？　「smell」が「good」であることを伝えたい気持ちが強いんだよ。

たしかに、**「Good smell」の方が「においの質」にフォーカスしてる感じはする。反対に、「Smells good」は、「におう」こと自体にフォーカスしてる気がするな。**「smell」
かけ

が動詞の役割を果たしてるから、においの質じゃなくて、におう状況そのものを説明している感じがするんだよね。

なるほど、するどい分析かも。だから「Good smell」の方が、
やま

ケビンの言う「褒めの姿勢」に入ってる感じがするのか（笑）。

ケビン

そう、私が言いたかったのはそういうこと（笑）。まあ深く考えるとそうだけど、日常会話では「Good smell」「Smells good」、どちらを使っても全然問題ないよ。

似たようなフレーズで、「Tastes good」も同じことが言える？ ▶

かけ

ケビン

同じだね。「Tastes good」「Good taste」、両方とも「おいしい」っていう意味で使える言い回しだよ。

まとめ

「いいにおいだね」の言い方

Good smell. / Smells good.

「good smell」「smells good」はどちらも「いいにおい」という意味で使われるフレーズ。「good smell」の方が、においの質をやや強調している印象を与える。

例文

- **This new candle has a good smell.**
  （この新しいキャンドルはいいにおいだ。）
- **This new candle smells good.**
  （この新しいキャンドルはいいにおいがする。）

「臭い」の言い方いろいろ

ケビン

ついでに、「臭い」のフレーズもいくつか紹介しよう。「It stinks」（悪臭を放つ）、「smelly」（臭い）、「rotten」（腐ったにおい）。

逆に、「汗臭い」とか、具体的なにおいの質を表現したいときは？ ▶

やま

ケビン

「You smell like ○○」っていう言い方をすることが多いかも。「You smell like sweat.」（お前汗臭いよ）、「You smell like cigarettes.」（お前タバコ臭いよ）とか。

ちょっと言いづらいけど、友達に「お前、におうよ」って伝えたい ▶
場合は？

かけ

ケビン

「You kinda smell...」（お前、なんかにおうよ）がいいんじゃないかな。「kinda」は「kind of」の省略で、「なんか」の意味。オブラートに包んでる感じを出しながら、そっと伝えよう。

「○○臭い」と言いたい場合は、「You smell like ○○」（お前○○臭いよ）で表現する。なんかにおう場合は「You kinda smell...」（お前、なんかにおうよ）を使おう。

18

Delicious!

「おいしい」という気持ちを
相手に強く伝えたいときに

Kevin's English Room Chat

シチュエーション別「おいしい」の選び方

「tastes good」で思い出したけど、「おいしい」っていう意味の英語もけっこう種類があるよね。
かけ

ケビン
代表的なものに、**「delicious」「tastes good」「yum」「yummy」** などが挙げられるね。

それぞれにニュアンスの違いってあるのかな。例えば、"おいしい度合い"の差はある？
やま

ケビン
えっとね、"おいしい度合い"はだいたい一緒なんだけど、**"おいしいことを伝えたい度合い"** が若干違うかな。

へえ！ 誰かに「これ、うまいよ」って伝えたい気持ちの強さで使い分けるのか。
かけ

その発想はなかったなぁ。その気持ちが一番強いのは、この4つの中ならどれにあたるんだろう。
やま

ケビン

例えば、彼女が初めて手料理を作ってくれたとする。その感想が「Yum」とか「Tastes good」だったら、ちょっと彼女は「は？」ってなるね。おいしいって思ってたとしても、その伝え方にちょっとそっけない感じを受けてしまう。この場合は「Delicious!」がいいと思うな。

「おいしい」って思ってることを伝えたい気持ちが強いときは、「delicious」がしっくりくるんだ。

かけ

ケビン

「おいしい」っていう言葉に限定しなくてもいいんだよね。「超うまい！　最高！」みたいにもっと強く表現したい場合は「Fantastic!」「Unbelievable!」「Oh my God!」なんて言ってもいい。手料理のケースだと大げさに聞こえるけど、彼女も笑ってくれるかもしれないね。

なるほど。「最高！」みたいなニュアンスのワードチョイスになってくる。

かけ

じゃあ僕たち3人で「なか卯」に行って、親子丼がおいしかった場合は？

やま

ケビン

その場合はライトに「Tastes good」。「Good」だけでもいいかな。親子丼を食べながら真顔で「うまいね」って言ってるイメージ。いつも食べてる安定の味だね。

「なか卯」の期間限定メニューを食べて、信じられないくらいおいしかった場合も？

かけ

ケビン

うーん、それだったら「Delicious!」でもいいだろうな（笑）。2人に「これうまくない!?」って伝えたい気持ちもわかるからね。まあ、どの言葉を使っても間違いではないんだけど、食べているシチュエーションや相手によって使い分けるのが一番自然だと思う。

まとめ

「おいしい」の言い方

Tastes good. / Yum. / Yummy.

「おいしい」を意味する言葉は、食べるシチュエーションや相手によって使い分けるのがおすすめ。「Tastes good.」「Yum.」「Yummy.」は日常的によく使う言葉で、普段の食事の際に使えるライトな表現。

Delicious! / Fantastic! / Unbelievable! / Oh my god!

「Delicious!」は、相手に「おいしい」と思っている気持ちを強く伝えたいときにふさわしい言葉。それ以外にも、「おいしい」を極めて強く表現したい場合は、「Fantastic!」「Unbelievable!」「Oh my God!」などの感嘆的なフレーズを使ってもよい。

「おいしい♡」なら「yum」「yummy」

「yum」とか「yummy」って、どういうときに使う？

やま

ケビン

この2つは、**若干かわいい印象を与える言葉**。特に「yummy」は「おいしい♡」って感じで、女性や子どもがよく使うイメージがあるな。「yum」は男性が使うのもアリなんだけど、なんだろう……、「うん！ おいしい！」みたいな。ちょっとかわいくない？（笑）

「うん！」でかわいさを表現（笑）。

かけ

ケビン

友達同士で気さくに使える「おいしい」みたいな。ある種のスラングと言っていいかも。ちなみに、**「yum」「yummy」には「おいしそう」っていう意味もあって**、例えばスイーツの看板を見かけたときとかに「Look at that! Yummy!」（あれ見て！ おいしそう！）っていうふうにも言ったりするよ。

「yum」「yummy」はかわいいニュアンスを含む言葉で、特に「yummy」は子どもや女性が好んで使う。「おいしそう」という意味もある。

19 What is your hobby?

覚えておきたい
「趣味」のフレーズ

Kevin's English Room Chat

> ## 「hobby」を使わずに趣味の話をする

ネイティブの人と趣味の話で盛り上がりたいんだけどさ。 ▶
かけ

ケビン
> いいじゃない。かけちゃんの趣味といえば、音楽？ ファッション？

例えば、「歌うことが趣味です」って言いたいときは「My hobby ▶
is singing songs.」で合ってる？ 個人的に、ちょっと聞きなれ
ない感じがしてさ。

かけ

たしかに、「hobby」（趣味）って学校で習ったけど、実際の英会 ▶
話であんまり出てこないような。

やま

ケビン
> 「My hobby is singing songs.」は英文としては正解だし意味
> も通じるんだけど、**そもそも趣味の話で「hobby」ってい
> う単語をあまり使わない。** 例えば自己紹介カードみたいなも
> のに「name」（名前）、「age」（年齢）、「nationality」（国籍）
> っていう記入欄があって、そこに「hobby」（趣味）が並んでる
> のは違和感がないんだけど。

78

なるほど。「Where are you from?」（出身はどちらですか？）を「What is your nationality?」（国籍は何ですか？）って聞いてるようなものか。

そんな感じだな。趣味を聞きたいときは、**「What do you do on your weekends?」（週末は何をしていますか？）**とか、**「What do you like to do in your free time?」（暇な時間は何をするのが好きですか？）**っていうフレーズがすごくナチュラル。

「hobby」は会話にはあまり使われない言葉なのか……！ じゃあ、それに対して「My hobby is」って答えるのは間違ってるよね？

そうだね。「I like to go to karaoke and sing.」（カラオケに行って歌うことが好きです）、「I usually go to the gym and run for an hour.」（大体ジムに行って、1時間ほど走ります）、「I enjoy listening to K-pop music.」（Kポップを楽しみます）っていう感じで返すといいと思う。

「○○が好き」「○○を楽しむ」っていう意味の **「I like ○○」「I enjoy ○○」** を使うことで、自分の趣味を紹介していることになるんだね。

で、かけちゃんの趣味はなんなの？

ゲーム実況を観ることかな。

え！ そうなんだ。全然知らなかった。

「趣味はなんですか?」の言い方

What do you do on your weekends?
(週末は何をしていますか?)
What do you like to do in your free time?
(暇な時間は何をするのが好きですか?)

「趣味」を意味する「hobby」や、それを使った「What is your hobby?」などのフレーズは、日常会話ではあまり使われない。趣味を聞くときの自然な言い方は上記2つがおすすめ。返答は、「I like ○○」(○○をするのが好き)、「I enjoy ○○」(○○を楽しむ)を活用しよう。

例文

- **What do you do on your weekends?**
  ──I enjoy playing video games with my friends.
  (友達とゲームを楽しんでいます)
- **What do you like to do in your free time?**
  ──I like to read so I always carry around my favorite novel.
  (読書が好きなので、いつもお気に入りの小説を持ち歩いています)

It's OK

20

その言い方だと
全然「OK」じゃない

Kevin's English Room Chat

3つの「OK」を使い分けよう

ケビン

「OK」って日本語でも使われるからなじみがある言葉だと思うんだけど、その意味について、一回整理した方がいい気がするのよ。

え、単純に「了解」って意味じゃないの？

かけ

ケビン

「OK」は、使い方によって大きく3つの意味があって。まず1つめは、「OK」を単体で使う場合。これはかけちゃんが言う通り「了解」っていう意味で、日本語の「オーケー」と同じ使い方だね。

「Let's meet up at the café.」（カフェで待ち合わせしよう）、「OK, no problem.」（了解、問題ないよ）みたいなね。

やま

ケビン

2つめが、**「It's OK.」。これは「大丈夫です」「気にしないで」っていうニュアンスが強い。**例えば、誰かがミスをして謝られたときなんかに、「It's OK.」（気にしないでください）っていうふうに使われることが多いね。

じゃあ、「カフェで待ち合わせしよう」って言われて「It's OK.」って答えたら変な感じがするの？

 変な感じがする。**場合によっては、「（あんまりカフェで待ち合わせしたくないけど）まあ、大丈夫です」って感じにも捉えられる。**

「OK」っていう言葉が使われているけど、かならずしもポジティブな意味合いではないんだね。

 そうだね。例えば「これ、どう思う？」って聞いて「It's OK.」って言われたら、「あんまりよくないんだな……」って思っちゃう。「いいね！」にあたる言い方は「It's good.」や「It's great.」で、「It's OK.」は「及第点」って感じだな。

「まあまあ」に近いニュアンスなのかも。

 3つめが、「I'm OK.」。これも「大丈夫です」なんだけど、**「It's OK.」よりも自分のコンディションにフォーカスしているフレーズだね。** 例えば「Are you feeling tired?」（疲れてる？）、「No, I'm OK.」（いや、大丈夫）とか、「Would you like some more tea?」（紅茶のおかわりはいかがですか？）、「I'm OK, thank you.」（結構です、ありがとう）とかね。

なるほど。こうしてみると、使い方によって結構意味の違いがあるんだね。

「いいじゃん！」っていうつもりで「It's OK!」って言っても、相手には「まあまあだね」っていうニュアンスで伝わるから注意が必要かも。

やま

ケビン

「OK」は日本語でも使う人が多いから、使い方や意味の違いには少し気をつけたいよね。

まとめ

「OK」の使い方

OK.（単体で使う）
日本語の「オーケー」と同じ、「了解」の意味。
It's OK.（大丈夫です／まあまあかな）
シチュエーションによって、幅広い意味で使われる。
I'm OK.（大丈夫です／結構です）
「It's OK」よりも自分のコンディションにフォーカスしたフレーズ。

例文

- **I'm sorry, I broke your cup.**（ごめん、カップを割っちゃった）
  ──**It's OK.**（気にしないで）
- **What do you think of these new sneakers?**
  （この新しいスニーカー、どう思う？）
  ──**It's OK.**（まあ、いいんじゃない）

- **How are you feeling?**（体調はどうですか？）
  ──**I'm OK.**（大丈夫です）
- **Do you want some more wine?**（ワインのおかわりはどう？）
  ──**I'm OK.**（結構です）

Chapter

3

同じ意味の単語、
その使い分けを
知りたい!

21

May I 〜 / Can I 〜

友達に「May I 〜」を使うと
ちょっと堅苦しい

Kevin's English Room Chat

> ### 気軽に頼みたいときは「Can I 〜」でOK

「〜してもいいですか？」っていう意味の「May I 〜」と「Can I 〜」の使い分け。これ、個人的に長年モヤモヤしてて、そろそろハッキリさせたいのよ。

かけ

わかる。同じ意味だからこそ、どっちを使うべき？って一瞬迷っちゃうよね。

やま

ケビン

よし、ここで白黒つけよう。「May I open the window?」と「Can I open the window?」、どちらも「窓を開けてもいいですか？」っていう意味だけど、厳密に言うと、「Can I 〜」の方は「私は窓を開けられますか？」（私には窓を開ける能力がありますか？）って意味なんだよね。

うん、そう習った。だから、「窓を開けてもいいですか？」って許可をとるときに「Can I 〜」を使うのは間違いなんだって。

かけ

ケビン

ところが、実際の日常会話だと、**「〜してもいいですか？」って言いたいときは、大体が「Can I 〜」でOKなのよ。むしろ友達に「May I 〜」を使うと、堅苦しく感じちゃう。**

なるほど。でも文法的には「May I〜」が正しいんだよね？

そう、だからテストでは「May I〜」って書くべきなんだけど、むしろ最近では、**「May I〜」は目上の人や初対面の人などに使う言葉、それ以外は「Can I〜」でOKっていう認識の方が強いと思うな。** カフェやレストランで店員さんに何か頼むときも、「May I〜」より「Can I〜」の方が自然な気がする。

学校で習ったことと違う……！

ちなみに、「May I〜」よりももっと丁寧にお願いしたいときに便利なフレーズもあるよ。

「Can I〜」より丁寧な「May I〜」より、さらに丁寧な言い方ってこと？

そう言うと仰々しい感じになっちゃうけど（笑）、例えば日本語でも、なにか頼むときに「恐れ入りますが」とか「差し支えなければ」とか言うじゃない。それと同じ感覚で、**文の最初に「If I could」「If I could ask」「If I may」とかをつけるといい感じ。**

「If I could」を、ただ「May I〜」の前につければいいだけ？

ケビン

そう、枕詞みたいな感じでね。「If I could, may I open the window?」で、「恐れ入りますが、窓を開けてもいいですか?」っていう具合に、より丁寧な表現になるよ。

これはすごく便利かも。日本語でも、何かお願いするとき、最初に「すみませんけど……」ってつけた方が頼みやすいもんね。 ▶

かけ

まとめ

「Can I 〜」と「May I 〜」(〜してもいいですか?)の違い

日常的に使う「Can I 〜」、より丁寧な「May I 〜」

日常会話では、ほとんどのシチュエーションで「Can I 〜」を使うことが多い。上司や目上の人、初対面の人に対しては、より丁寧な「May I 〜」を活用しよう。

例文

下に行くほど丁寧度が上がります。

- **Can I talk to you for a minute?** (少し話せる?)
- **May I talk to you for a minute?** (少しお話しできますか?)
- **If I could, may I talk to you for a minute?**
  (差し支えなければ、少しお話しできますか?)
- **If I could ask, how were you able to predict this outcome?**
  (今質問してよろしければ、なぜこの結果を予想できたんですか?)

「May I 〜」を使えば"お願い感"が UP！

ケビン

ちょっとマニアックな話になるけど、「May I 〜」と「Can I 〜」で、丁寧さ以外にも少しニュアンスが違う部分があって。それが**意思の強さ**なんだよね。

お願いしていることに対して、やりたいっていう意思の強さ？ ▶

かけ

ケビン

そう。例えば「May I give this book to him?」と「Can I give this book to him?」。「この本を彼にあげていいですか？」っていう意味だけど、どっちの方が「あげたい気持ち」が強いと思う？

う〜ん。なんとなく、「May I 〜」の方が強そう。 ▶

かけ

ケビン

正解！ 「May I give this book to him?」は、「この本を彼にあげたいんですけど」って訳すこともできる。**「May I 〜」の方は、まずは自分の中に「これをしたい」っていう意思があって、それが OK かどうかを相手に聞いてるニュアンスがあるんだよね。対して「Can I 〜」の方は、まずは相手の承認を得てから、どうするか決めようとしてる感じだな。**

なるほど。そう考えると、「Can I 〜」の方が日常会話で気軽に使いやすいっていうのもわかる気がする。丁寧さの度合いに加えて、ニュアンス的にも、相手次第っていう感じでラフな印象があるんだね。

やま

ケビン

まあ、このへんの違いはかなり微差だから、日常会話ではあんまり気にしなくて大丈夫。ただ、突き詰めて考えていくとそういう違いがあって、おもしろいよね。

「May I 〜」は、「Can I 〜」よりも「これをしたい」という意思が強い。

例文

・**Can I leave the meeting?**
（ミーティングを抜けてもいいですか？）
・**May I leave the meeting?**
（ミーティングを抜けたいのですが）

will / be going to 22

この2つ、計画性があるのはどっち？

Kevin's English Room Chat

> ### 「will」は漠然としていて「be going to」は計画性がある

未来のことを表す「will」と「be going to」。この2つの違い、学校で習ったけど結局よくわからなかったなぁ。 ▶

やま

僕の中では、「be going to」の方が近い未来を表すってイメージ。実際どう？ ▶

かけ

ケビン

> 「I will eat a hamburger next week.」と「I'm going to eat a hamburger next week.」っていう2つの文を比べてみよう。どっちも「来週、ハンバーガーを食べに行く」っていう意味になるんだけど、**「be going to」の方が "計画してる感" がある。**なんとなく、お店を予約してそうな雰囲気があるんだよな。

ちゃんと予定として成り立ってて、絶対にハンバーガーを食べに行くんだろうなっていう感じ？ ▶

かけ

ケビン

> そう。**対して「will」は、すごく漠然としていて「食べるぞ」っていう意思があんまり伝わってこない。**「be going to」に比べると、予定が未定のまま終わりそうな感じがある。

「じゃあ帰るわ」って言うときは「I will go home.」で、「渋谷駅から電車で帰るわ」の場合は「I'm going to go home by train from Shibuya station.」っていう使い方になるのかな。

やま

ケビン

うん。……うーん。

どうした（笑）。

かけ

ケビン

いや、今頭の中でシミュレーションしたんだけど、やっぱりどっちでもいいかなって（笑）。今言ったようなニュアンスの差は確実にあるんだけど、イレギュラーなケースも少なくないし。「will」と「be going to」はどちらを使っても決して間違いではないし、受ける印象の差も、そこまで大きなものではないかも。

未来の近さ・遠さは関係ないの？　例えばさっきの「I will eat a hamburger next week.」っていう例文で、「next week」が「tomorrow」（明日）や「3 months later」（3カ月後）になったとしても、「will」と「be going to」どちらを使ってもOK？

かけ

ケビン

うん、どっちでも大丈夫。ただし、**「まさに今」っていう場合は「be going to」じゃないとおかしい。**例えば、目の前に水があって、「これ飲むよ。いいね？」っていうときは必ず「I'm going to drink this. Okay?」って言う。「I will drink this. Okay?」はちょっと変。

逆に「I drink this.」じゃダメなの？

かけ

ケビン

それはダメ。まさに今って場合でも、必ず未来形を使わないと
違和感がある。ちなみに、このケースで「I will drink this.」って言っちゃうと、**「じゃあ、誰も飲まないなら俺が飲むよ。しょうがないな！」** ってニュアンスになる。

へぇ〜！ さっきケビンが言ってた「will に意思を感じられない」っていうのと少しつながるね。

かけ

まとめ

「will」と「be going to」（〜するつもり）の違い

「まさに今」と、計画性や意思がある場合は「be going to」

未来形の「will」と「be going to」に大きな差はないが、「be going to」の方が、やや計画性や意思が感じられる。「まさに今」という近い未来の場合も「be going to」を使う。

例文

- **I will take the dog out for a walk.** （犬の散歩に行ってくる）
- **I'm going to take the dog out for a walk at 3 pm.**
  （3 時から犬の散歩に行ってくる）
- **I'm going to go to the bathroom.**
  （トイレに行ってくる）
  ※まさに今のことなので、「I will go to the bathroom.」とは言わない。

「〜するつもりだった」に「**will**」の過去形は使わない

「be going to」の過去形を使うと、「I was going to eat a hamburger.」（ハンバーガーを食べる予定だった）になるじゃない。これ、「will」を同じように過去形にして、「I would eat a hamburger.」って置き換えることはできる？

かけ

ケビン

> いや、その場合は「would」を使うべきではないな。「I would eat a hamburger.」はいろいろな訳し方の可能性があって、この文だけだといまいち何を言いたいのかがわからない。

そもそも「would」にはたくさん使い方があるからね。「will」の過去形ってだけじゃなくて、「〜しようとした」、「〜したものだった」、何かをお願いするときも「Would you 〜」を使う。

やま

ケビン

> そうそう、「would」の意味は前後の文脈で判断されることも多いから、「〜するつもりだった」と言いたいときは、シンプルに「was going to」を使った方がいいと思うな。

「be going to」を過去形の「was / were going to」にすると、「〜するつもりだった」という意味になるが、「will」の過去形「would」は使えない。過去形にする場合は必ず「was / were going to」を使う。

can/be able to 23

「can」から漂う "上手にできる感"

Kevin's English Room Chat

> ## 日常会話では「can」を使うことが多い

この2つも違いが全然わからない！ 例えば、「私は泳げます」って言いたいときは、「I can swim.」と「I'm able to swim.」のどっちが正解なの？

かけ

シンプルでわかりやすいから「can」を使いがちだな。

やま

ケビン

そうだね、どっちも正解ではあるんだけど、**日常会話ではほとんど「can」を使う。「be able to」は、ちょっと硬い感じがするな。**

じゃあ逆に、「be able to」を使うときってどんなとき？

やま

ケビン

「○○する能力がある」っていう感じで、**スペックを強調したいときに使う**イメージかなぁ。例えば「このマシーンには○○できる性能がある」とか、「彼には○○をこなす能力がある」という場合に「be able to」を使う。

Chapter 3 同じ意味の単語、その使い分けを知りたい！ 95

でも学校で、主語が生物じゃないときは「can」を使うって習った気がするよ。「マシーン」って生物じゃないけど「be able to」を使っていいんだ？

かけ

主語が生物じゃない、「無生物主語」のときね。たしかに学校では、物や空間に対しては「can」を使うって習った気がする。

やま

ケビン

厳密な英語のルールではそうなのかもしれないけど、口語では物に対しても普通に「be able to」を使うなぁ。**「can」が「〇〇ができる」、「be able to」は「〇〇できるスペックがある」っていうニュアンスの違いだと思うよ。**例えば「星が見える」なら「I can see the stars.」で、「I'm able to see the stars.」とは言わない。

僕のイメージだけど、「can」を使うときって、**「上手にできる感」**がない？　例えば「I can swim.」って言われたら、「私は泳ぎがうまい」っていう感じの印象を受ける。

やま

ケビン

たしかに、**後に続く動詞によっては「得意です」っていう雰囲気はあるかも。**「I can play soccer.」なら「オレ、サッカーできるよ」って印象だけど、「I'm able to play soccer.」なら、「一応ルールは知っていて、ボールも蹴れます」っていう感じ。

例えばさ、やまちゃんって辛いものが苦手だけど、食べることはできるじゃない？　その場合、「Can you eat spicy food?」（辛いものを食べられますか？）って聞かれたら、「I'm able to eat spicy food.」って答えるのが正解ってこと？

かけ

いや、それはなんかおかしい。その場合は「I can eat spicy food.」なんだけど、言い方を工夫すればいいと思う。「Yeah, I can eat spicy food......（イヤそうな顔で）」って感じかな。

ケビン

「can」がいつも「うまくできる」っていう意味になるとは限らない。言い方や文脈で判断するってことだね。

やま

まとめ

「can」と「be able to」（～できる）の違い

日常会話はだいたい「can」でOK

「can」「be able to」はどちらも「～できる」という意味だが、「can」の方が使用頻度が高く、「be able to」はやや硬い印象を与える。「can」は、後に続く動詞によっては「上手にできる」という意味になることもある。「be able to」は、能力やスペックを強調するときに用いられることが多い。

例文

- **I can speak Spanish well.**（私はスペイン語を上手に話せます）
- **Tickets can be purchased online.**
  （チケットはオンラインで購入できます）
- **This app is able to whiten skin tone.**
  （このアプリには美白機能がついています）
- **He is able to execute the task.**
  （彼にはそのタスクをこなす能力があります）

「〜できた」という過去形に「**could**」は使えない

これ、過去形になったらどうなるんだろう。例えば「昔はピアノを弾けました」って何て言う？

かけ

ケビン

「I was able to play the piano.」。この場合は「be able to」が正解で、「I could play 〜」とは言わないな。

「could」の使い方ってかなりややこしくて、「can」の過去形として使われることは少ないよね。例えば、「I thought I could finish my work by noon.」（自分の仕事を昼までに終わらせられると思った）なら「could」になるけど、これはいわゆる「時制の一致」ってやつで、「thought」に合わせて過去形になった感じ。

やま

ケビン

そうだね。話題が現在なら「can」「be able to」の両方使えるけど、過去のことなら「be able to」だけって覚えよう。

「can」の過去形「could」を「〜できた」という意味で使うことは少ない。過去形にしたいときは「was / were able to」を使う。

例文

○ I was able to attend the party last night.
× I could attend the party last night.
　（昨夜のパーティーに参加することができました）

must / have to

「〜すべき」の意思が強いのはどっち？

Kevin's English Room Chat

> ### 恋人のプレゼントには使ってはいけない

ケビン

これは結構、いろんな人に聞かれるね。「〜しなければいけない」っていう意味の「must」と「have to」の使い分け。

なんとなく、「must」の方が強いイメージがある。
かけ

例えば「I must do this.」と「I have to do this.」（私はこれをやらなければいけない）っていう2つの文にニュアンスの違いはある？
やま

ケビン

「must」の方が「自分がやらなきゃ」っていう意思の強さを感じる。対して「have to」の方は、誰かに言われたからやらなきゃいけない、義務的な状況を想像する。

なるほど、自分の意思があるから「must」の方が強く感じるのかもね。
やま

例えばさ、恋人がもうすぐ誕生日で、プレゼントを買わなきゃいけない状況だとするじゃん。そのときに、友達に「I have to buy a present for my girlfriend.」（彼女にプレゼントを買わなきゃいけないんだよ）って話をしてて、それを彼女が耳にしたら、「はぁ？」ってなっちゃうの？

かけ

ケビン

怒ると思うなぁ（笑）。

「must」なら OK ？

かけ

ケビン

いや、「must」を使ったとしても「〜しなきゃいけない」っていうニュアンスがあるから、彼女的には違和感がある。この場合は「I want to」の方がしっくりくるし、彼女もよろこぶだろうね。

ちなみに、否定形の場合はどうなるんだろう。「I don't have to drink this.」と「I must not drink this.」では、意味が全然違うよね。

やま

ケビン

全然違う！ 「I don't have to drink this.」は「私はそれを飲む必要がない」だけど、「I must not drink this.」なら「私はそれを飲んではいけない」っていう意味になる。**「must not」には「〜してはいけない」っていう禁止の意味があるからね。**

「don't have to」で「〜する必要がない」。ってことは、そもそもの話だけど、「have to」は「〜しなければいけない」じゃなくて、**「〜する必要がある」** の方がしっくりくるんじゃない？

かけ

ケビン

あ、それはいい訳し方だと思う。

「have to」は「〜する必要がある」、「don't have to」
は「する必要がない」。「must」は「〜しなければいけな
い」、「must not」は「〜してはいけない」。こう考えれば、 かけ
両者の違いをスッキリ理解できるかも。

まとめ

「have to」と「must」（〜しなければならない）の違い

意思の強さを強調したいときは「must」を使う

「must」には話し手の意思の強さが、「have to」には「必要に迫ら
れてやる」という客観的な理由からの義務感が感じられる。否定形
になると、must not は「〜してはいけない」、don't have to は「〜
する必要がない」となる。

「have to」	〜する必要がある
「don't have to」	〜する必要がない
「must」	〜しなければならない
「must not」	〜してはいけない

例文

- **I must lose 3 kilos by summer.**（夏までに3キロ痩せなけれ
  ばならない）
- **I have to work through the night.**
  （徹夜で作業しなきゃならない）
- **We must not be late.**（遅れてはならない）
- **You don't have to be so serious.**
  （そんなに真面目になる必要はないよ）

過去形で「must」は使えない

ふと思ったけど、「〜しなければいけない」っていう意味の「must」に過去形ってないよね？

かけ

ケビン

ないね。だから、**「〜しなければいけなかった」って言いたいなら、必然的に「had to」を使うことになる。** 例えば、待ち合わせに遅刻して、「なんで遅れたの？」と聞かれたときに、「I had to finish my job.」（仕事を終わらせなくちゃいけなかった）っていう感じ。

「must」を使った文を過去形で表すと、「must have」っていう過去分詞の形になるのかな。

やま

ケビン

「must have 〜」だと「〜に違いない」っていう意味になっちゃう。さっきの例文だと、「I must have finished my job.」（私は仕事を終わらせたに違いない）っていうふうに、ちょっと変な文になってしまうね。

「〜しなければいけなかった」と過去形で表現したいときは、「must」ではなく、「have to」の過去形「had to」を使う。

例文

・**I had to stay home yesterday.**
（昨日は家にいなければいけなかった）

do not / don't

25

「ダメ！」を強く言いたいときは省略しない

Kevin's English Room Chat

> ### あえて「not」を入れると強調される

ケビンって、この2つをかなり使い分けてるよね。YouTubeの動画を編集しているときに、「ここは『don't』なんだ」「ここは『do not』を使うんだ」って感じることがよくある。
かけ

ケビン
> さすがかけちゃん、よく見てるね。

> どんな違いがあるの？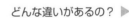
> やま

ケビン
> この2つ、意味は一緒なんだけど、「ダメ！」感をより強く出したいときは「do not」が効果的。**あえて「don't」って略さないで「not」をハッキリ言うことで、否定のニュアンスを強めてる。**

「Don't touch this.」と「Do not touch this.」なら、後者の方が「触るな！」感が強いってことね。
やま

ケビン
> **発音するときは「not」の部分を強調する**のがポイントだね。

会話じゃなくてさ、文字だとどう？　例えば、工事現場なんかで「立入禁止」って看板がよくあるけど、その場合も「Don't enter」と「Do not enter」のどっちでもよくて、かつ「do not」の方が禁止のニュアンスが強いの？

かけ

ケビン

看板の文字の場合は「do not」が一般的。すごく長い文章の中に「don't」があるのは自然だけど、「立入禁止」みたいにドーンと文字がある場合は「do not」を使うね。禁止の強さは、「don't」も「do not」も変わらないかな。

まとめ

「do not」「don't」（〜しない）の違い

あえて「not」を略さないことで「ダメ！」感を強調

「do not」と「don't」の意味は同じだが、より禁止感を強めたいときは「do not」を使う。その際、「not」の部分を強調して発音する。文字で書くときは「do not」も「don't」もニュアンスは変わらない。

例文

- **I don't have the keys to the car.**
- **I do not have the keys to the car.**

（私は車の鍵を持っていない）

※同じ意味だが、友人に「鍵持ってるのお前じゃないよな!?」と問い詰められたときは下の「do not」を使おう。

go / come

26

使い方によっては
"行く行く詐欺"になってしまう

Kevin's English Room Chat

> 移動中か家にいるかで使い分けが決まる

ちょっと待って。「go」(行く) と「come」(来る) って、正反対 ▶ の意味だよね？

かけ

ケビン

> 実はね……、**「come」には「(相手がいる場所に) 行く」っていう意味もあるんだよ。**

ええ⁉ 「行く」と「来る」じゃ真逆じゃん。ややこしすぎない？ ▶

かけ

ケビン

> 「相手がいる場所に行く」っていうのがポイントかな。待ち合わせしてる友達に「今どこ？」って聞かれて「I'm coming!」(向かってる！) って返す感じ。

それって「I'm going!」じゃいけないの？ ▶

かけ

「I'm going to your house.」と「I'm coming to your house.」。▶ どちらも「あなたの家に行きます」っていう意味だけど、何か違いはあるのかな。

やま

ケビン

「going」の方は、まだ自分の家を出ていない状態。まさに今から「あなたの家に行きます」って感じだね。一方で、「coming」は「今、向かってる」っていうニュアンスになる。自分の家をすでに出て、移動中なんだろうなって想像する。

家にいたら「going」、玄関を出た瞬間から「coming」になるわけ？

やま

ケビン

なる。ちなみに、このケースで「I'm going.」って言われた場合、やや「こいつ、来なそうだな……」っていう印象を受けるね。

行く行く詐欺ね（笑）。「I'm coming.」の方が、確実に向かってる感が強いんだね。

かけ

まとめ

「go」と「come」（行く）の違い

「今向かってる！」は「come」で伝えよう

「come」には「（相手がいる場所に）行く」という意味もある。「I'm coming.」なら「今、向かってる」という移動中の状態を連想させ、「I'm going.」なら、「今から向かう」という印象を与える。

例文

・**Have you arrived yet?**（もう着いた？）

——**I'm coming! Almost there.**

（今向かってる！ もうすぐ着く）

・**Let's leave the house already! We'll miss our reservation!**（早く家を出よう！ 予約に間に合わないよ！）

——**I'm going! I'm going!**（行くから！ 行くから！）

「come」は相手の目線に立った言い方

「come」を使って「Can I come to your house?」（あなたの家に行ってもいい？）っていう疑問文にするのもあり？

やま

あり。「Can I go to your house?」でもいいんだけど、**「come」の方が「お邪魔していい？」的なニュアンスがあって、丁寧な印象を与えるな。**

ケビン

それってさ、**「come」の視点が相手にあるからじゃないかな。**「go」は視点が自分にあるけど、「come」は相手の居場所を基準にした言い方だから、より相手に配慮があって礼儀正しく感じるってことにはならない？

かけ

それは一理あるかもしれない。ちなみに、日本語ではおなじみの「行けたら行くわ」を英語にすると **「I'll go, if I can.」** になります。

ケビン

「絶対来ないだろ」ってやつは、やっぱり「go」なんだ（笑）。

かけ

「come」は「go」より礼儀正しい印象を与えることがある。「Can I come to your house?」と「Can I go to your house?」なら、前者の方が好印象。

27 listen / hear

意図して聞くか、
自然と耳に入るか

Kevin's English Room Chat

> 日本語の「聴く」「聞く」に通じるニュアンスの違い

記憶では、「音楽を聴く」は「listen」を使うって習った気がする
なぁ。

かけ

状況によっては音楽にも「hear」を使うよ。

やま

ケビン

そうだよね。「I listen to music.」と「I hear music.」。これは
どっちも言えるんだけど、意味がちょっと違う。**「listen」を
使うときは、自分が聞こうと思って能動的に聞いている
とき。対して「hear」は、自然に聞こえてくる、耳に
するっていうニュアンスが強いね。**

なるほど。日本語で言うと、漢字の「聴く」と「聞く」の違いに
近くない？ 「I listen to music.」なら「音楽を聴く」だし、「I
hear music.」なら「音楽が聞こえてくる」、みたいな。

かけ

電話してて、「（私の声）聞こえてる？」っていうのも「Do you
hear me?」って「hear」の方を使うよね。

やま

ケビン

「Do you hear me?」だと「私の声、聞こえてる？（電波悪くない？）」なんだけど、「Are you listening to me?」だと「私の話、ちゃんと聞いてる？（怒）」って感じで全然違う意味になっちゃう。

大勢の前で「Listen!」（注目！）って言うときも、「Hear!」とは言わないもんね。やっぱり「listen」には「意図して聞く」っていう意味合いがあるんだね。

かけ

この2つの違いはわかりやすいし、覚えやすいね。

やま

まとめ

「listen」と「hear」（聞く）の違い

聞くは「listen」、耳に入るは「hear」
意図して聞く場合は「listen」、自然に耳に入ってくる場合は「hear」を使う。

例文

- **I hear a dog bark from somewhere.**
  （どこかから犬の鳴き声が聞こえる）
- **Listen carefully, you can hear a dog bark.**
  （よく聞いてみて、犬の鳴き声が聞こえるよ）
- **Do you hear me?**
  （聞こえる？）※音声が物理的に聞こえているかどうか
- **Are you listening to me?**（話、聞いてる？）

英語のテストで「ヒアリング」は間違い

英語の聞き取りテストで「リスニング」ってあるじゃない。あれ、たまに「ヒアリング」って言う人いない？

やま

うちのお母さん言ってたわ！ 「あんた、ヒアリングのテストどうだったの？」って。

かけ

ケビン

聞き取りテストは意図して聞くから「リスニング」が正解。ただ、日本語では、特にビジネスシーンなんかで「ヒアリング」って言葉をよく耳にするよね。英語ではあんまりなじみのない使い方だと思うんだけど。

そういえば、「BE Heard」っていう名前で社内評価をしてる会社があるって聞いたことがあるな。会社に対する意見を匿名で投稿するやつ。

やま

ケビン

「be heard」には、「あなたの声をみんなに聞かせましょう」みたいなニュアンスがあるから、その手のアンケートの名前としてはしっくりくる。ビジネスシーンの「ヒアリング」も、そういうニュアンスがあるのかもしれないね。

英語の聞き取りテストは「リスニング」。ビジネスシーンで「ヒアリング」（聞き取り調査、情報収集）という言葉がよく使われるが、英語の日常会話ではあまりなじみのない言葉。

meet / see

28

"がっつり会う感"が強いのはどっち？

Kevin's English Room Chat

「Nice to see you.」がネイティブっぽく聞こえる理由

別れ際に「See you.」（またね）って言うけど「Meet you.」とは言わないよね。

かけ

 言わない。「meet」と「see」は同じ「会う」っていう意味だけど、ニュアンスが微妙に違うから。

ケビン

なんとなく、「Nice to meet you.」より「Nice to see you.」の方が、ラフでネイティブっぽい感じを受ける。

やま

わかる。「Nice to see you.」の方が、なんかカッコいい。

かけ

 その「ラフ」っていう感覚は間違ってないと思う。**「meet」は「see」に比べて、"がっつり会う感"が強いんだよね。** 例えば、「明日、渋谷で5時に会おう」なら、「Let's meet at 5 o'clock in Shibuya.」って感じで「meet」を使うのが自然。ちゃんと時間を決めて会って、何かをするっていう予定が感じられる場合だね。

ケビン

なるほど。「see」は、もう少しラフな感じなの？

かけ

ケビン

すべてのケースでそうとは限らないけど、その印象はあるかな。例えば、かけちゃんがカフェでアルバイトしてて、「かけちゃんに会いにお店に行こうぜ！」っていうときには「Let's go to the café to see Kake-chan.」っていう感じで「see」を使う。

突発的に会いに行くシチュエーションとか、特に目的がない場合
なんかは「see」の方がしっくりくるんだ。

かけ

ケビン

「I saw my friend at the station.」（駅で友達を見かけました）みたいに、**偶然会ったり見かけたりしたシチュエーションも「see」になるよ。**

それなら、冒頭で言ってた「Meet you.」が不自然なのも納得か
も。別れ際の「See you.」は社交辞令みたいなもので、予定は一切感じられないもんね。

やま

ってことは、「後でね」っていう意味の「See you later.」の「meet」
バージョンは、ひょっとしてアリ？「Meet you later.」って、あんまり耳にしないけど。

かけ

ケビン

それはシチュエーションによっては言うかもしれない。例えば、午前中から会議をしてて、お昼休憩になりました。13時から会議を再開することが決まってるときには、「Meet you later.」って言ってお昼ご飯を食べに行ったりするのはすごく自然かな。

やっぱり「meet」は、予定とか会う目的ががっつり決まってる感じがすごいな。

かけ

この2つの言葉の違いのイメージはしやすいかもね。なんとなく、「see」は予定に縛られない人が使ってそうだし、「meet」はバリバリのビジネスパーソンが多用してそう（笑）。

やま

「meet」と「see」（会う）の違い

会う目的や予定性が明確なら「meet」、それ以外なら「see」

「meet」は予定している時間や場所で決まった誰かと何かの目的で会うシチュエーションに使われることが多い。「see」は、予定がはっきり決まっていない場合や偶然会った際などにも使われる。

例文

- **I'll meet you at the cafe at 7 pm.**
  （午後7時にカフェで会いましょう）
- **Meet you later.**
  （後で会いましょう）※時間や場所が決まっている場合
- **Can I see you tomorrow?**（明日会える？）
- **I saw my friend at the station.**（駅で友達を見かけました）

「顔を見せに行く」は「see」

「今週末、田舎のおばあちゃんに会いに行きます」だったら「meet」 ▶
と「see」のどっちを使うのが正解？

やま

ケビン

「I'll go to see my grandma living in the countryside this
weekend.」、この場合は「see」を使うのが正解。

でもさっきの説明だと、予定が決まってるときは「meet」を使う ▶
んじゃなかったっけ？

かけ

ケビン

予定は決まってても目的がぼんやりしているときは、「see」の
方がしっくり来るなぁ。例えば「おばあちゃんに会って、一緒
に温泉に行きます」なら「meet」なんだけど、「顔を見せに行
く」くらいだったら「see」を使いたい。

ふむふむ、「会いに行く」「顔を見せに行く」のが目的のメインな ▶
ら「see」と覚えておこう。

かけ

**予定が決まっていても、目的が不明確（会いに行く、顔を見せに行
くなど）な場合は「see」を使う。**

may / might

29

「may」or「might」は
確信度合いで使い分ける

Kevin's English Room Chat

> 「〜かもしれない」の使い分けってあるの?

「may」と、その過去形の「might」の使い分けって、ちょっとややこしくない? そもそも「may」の使い方もいろいろあるんだけど、「〜かもしれない」っていう意味で使う場合、「may」と「might」をどう使い分けるべきなの?

かけ

ケビン

> 例文を挙げてみようか。「This may be broken.」と「This might be broken.」。どちらも「これは壊れているかもしれない」って意味なんだけど、**「may」の方がちょっと自信があって、「これはたぶん壊れてますね」っていうニュアンスが強い。**

学校でもそう習ったかも。例えば、「can」と「could」を比べた場合も、過去形の「could」の方がへりくだってるニュアンスになるんだよね。それと一緒で、「may」と「might」も、**「might」の方がソフトというか、自信がない印象がある。**

かけ

ケビン

> **意味としては同じなんだけど、確信の度合いが違うんだよね。** 過去分詞を使った文も一緒。例えば、「I may have seen a UFO yesterday.」と「I might have seen a UFO yesterday.」はどちらも「昨日、UFO を見たかもしれない」っていう意味だけど、「might」の方が、記憶があいまいな感じがする。

Chapter 3　同じ意味の単語、その使い分けを知りたい!　　115

ちなみに、副詞の「maybe」は、その一語で「たぶん」っていう
意味だよね。「This is broken, maybe.」みたいに、単純に文頭
や文末に「maybe」をつければ「これは壊れているかもしれな
い」っていう意味になる？

やま

ケビン

会話的には違和感はないね。日本語で言うなら、「これ壊れてる
よ、たぶん」っていう感じかな。

「maybe」はあるけど「mightbe」っていう言葉はないの？

かけ

ケビン

あー、それはないな。言わない。

まとめ

「may」と「might」（〜かもしれない）の違い

「may」「might」は確信度合いが違う

「〜かもしれない」という推量の意味で「may」「might」を使う場
合、意味は同じなのでどちらを使ってもよい。ただ、「may」の方が
やや確信度が高くなる。

例文
- **This may be broken.**（これは壊れているかもしれない）
- **This might be broken.**（これはたぶん壊れているかもしれない）
- **I may have seen a UFO yesterday.**
  （昨日、UFO を見たかもしれない）
- **I might have seen a UFO yesterday.**
  （昨日、おそらく UFO を見たかもしれない）

「May the Force be with you.」の「may」って何?

映画『スター・ウォーズ』で「May the Force be with you.」っ
て出てくるじゃん。「フォースと共にあらんことを」って和訳され
てるんだけど、この場合の「may」ってなんの意味があるの? やま

確か「may」って、よく知られている「可能性」(〜かもしれな
い)、「許可」(〜してもよい)のほかに、**「祈り」的な意味合い
でも使われるんだよな。** かけ

「May God bless you.」(神の恵みがあらんことを)っていうフ
レーズもあるから、「祈り」とか「祈願」の役割を果たしている
んだろうね。
ケビン

この場合は「might」だったら変なのかな。「Might the Force
be with you.」。
かけ

すごい謙虚な感じになるのかも(笑)。「フォースと共にあらん
ことを」じゃなくて、「共にあったらいいかもね〜」くらいにな
っちゃいそう。
ケビン

めちゃくちゃ弱そうだ(笑)。
やま

**「may」は「〜しますように」といった「祈願」の意味合いで使わ
れることもある。**

wear / put on

「動作と状態の違い」って どういうこと？

Kevin's English Room Chat

> **「-ing」形で使うときにニュアンスが変わる**

ケビン

「着る」っていう意味の「wear」と「put on」。この2つの違いについて考えたんだけど、思いつかなかった……。

「wear」と「put on」はまったく同じ？　「メガネをかける」もどっちでも OK？
かけ

ケビン

「I wear glasses.」「I put on glasses.」。どっちでも OK。

マスクは？
やま

ケビン

「I wear a mask.」「I put on a mask.」。どっちでも OK。

結論。「wear」と「put on」に大きな違いはない。
かけ

でも待って、ネットで調べてみると、**「wear」は着ている**
「状態」のことを表して、「put on」は着る「動作」を表
すって書いてある。
やま

ケビン

あー。たしかに「-ing」形だとそうなる。「I'm wearing my jacket.」なら「私はジャケットを着ている」だし、「I'm putting on my jacket.」なら「私はジャケットを着る」になるな。

現在進行形だとそういうニュアンスの違いが出るんだね。過去形
ならどう？
やま

ケビン

「彼は黒いセーターを着ていた」なら「He wore a black sweater.」がしっくりくる。でも、「そのとき、彼は黒いセーターを着ようとしていた」なら、「At that time, he was putting on a black sweater.」って感じかな。

まとめ

「wear」と「put on」（着る）の違い

現在形で使う場合は「wear」と「put on」に大きな差はない

「wear」と「put on」に大きな違いはないが、現在進行形の「-ing」形や過去形で使う場合は、ややニュアンスに差が出る。「wear」は着ている状態を、「put on」は着る動作を表す。

> 例文
> ・**I'm wearing glasses.**（私はメガネをかけている）
> ・**I'm putting shoes on.**
> 　（私は靴を履いている）※今、まさに履く動作をしている最中

have lunch/ get lunch

ランチの"お手軽感"で使い分ける

Kevin's English Room Chat

> 実は一番クールな表現は「grab lunch」

友達をお昼ご飯に誘うとき、ケビンなら「Let's have lunch.」と 「Let's get lunch.」のどっちを使う？

かけ

ケビン

そのどちらでもないんだけど、私が思う「ランチしようぜ」の一番イケてるフレーズは、**「Let's grab lunch.」** だね。「grab」は「つかむ」っていう意味で、「ランチをつかむ」みたいなイメージのフレーズなんだよね。

ランチをつかむってどんなイメージなの（笑）。

やま

ケビン

なんだろう、すごくお手軽な感じ。**コンビニで何か買うとか、近くのチェーン店に牛丼を食べに行くとか、サクッとランチをとるときに使うイメージだね。** 例えばスタバで友達とコーヒー飲んでるときも、お腹が減ったら「Do you wanna grab lunch?」って言って、カウンターでサンドイッチを「grab」するイメージね。

レストランに行ってパスタを頼むのは「grab lunch」にならないんだ。

やま

ケビン

ならない。その場合は「have」かな。

話を元に戻そう（笑）。「Let's have lunch.」と「Let's get lunch.」
には、何か違いがあるの？

かけ

ケビン

若干ニュアンスが違うね。**「Let's have lunch.」って言わ
れたらレストランに行くのを想像するけど、「Let's get
lunch.」なら、レストラン、またはコンビニに誘われて
る感じがする。**「get」の方が、「どこかでランチを買ってく
る」っていう雰囲気を感じられるんだよな。もちろん、食べに行
くときも使うんだけど。

なるほど。**「have」はランチをとる空間にフォーカスして
いて、「get」は食事そのものを"手に入れる"感が強い
のかも。**

やま

じゃあさ、僕とケビンがカフェで仕事をしていたとする。お腹が
減ってきて、ちょうど昼どきだから、「ここでお昼ご飯も食べちゃ
おうか」っていうシチュエーションなら「have」と「get」のどっ
ちを使う？

かけ

ケビン

その場合は「get」を使うかな。そういう意味では、「get lunch」
はさっきの「grab lunch」と近いニュアンスがあるね。

ちなみに、「eat」や「take」はどう？「Let's eat lunch.」はケ
ビンがよく使ってるイメージがあるんだけど。

かけ

ケビン

「Let's eat lunch.」は「Let's have lunch.」と同じニュアンスで、レストランに誘うときに使う言葉。**「take」はちょっと特殊で、「お昼休憩をとろう」っていうニュアンスが強い。**時間にフォーカスしている感じがするな。

まとめ

「have lunch」と「get lunch」（昼食をとる）の違い

ランチのお手軽感で言い方を使い分ける

「have lunch」はランチをとる空間にフォーカスしていて、レストランに行く意味合いが強い。同意語に「eat」がある。一方で、「get lunch」はレストランのほか、コンビニにランチを「買いに行く」意味にも受け取れる。「get lunch」に似ているフレーズに「grab lunch」が挙げられ、さらに手軽な食事をとるときに使う。

「have」「eat」「get」····レストランで昼食をとるイメージ
「grab」「get」··········コンビニなどで手軽にすませるイメージ
「take」··················「お昼休憩」を確保するイメージ

例文

・**I'm gonna have lunch at the new restaurant. I'll tell you how it was.**

（新しいレストランでランチを食べる予定なんだ。どうだったか教えてあげるよ）

・**I'm gonna get lunch at the convenience store. Do you want something?**

（コンビニにランチを買いに行くよ。何かほしいものはある？）

・**I'm gonna grab lunch on the way back to the office. So head to the office without me.**

（オフィスに戻る途中にササッとランチを食べてくよ。だから先にオフィスに行ってて）

「lunch」に冠詞の「a」は必要？

……ちょっと気になってたんだけど、「Let's have lunch.」っていうときに、「lunch」に「a」はいらないの？

やま

たしかに。「breakfast」とか「lunch」には冠詞の「a」がつくって習った気がする。

かけ

ケビン

……あんまりつけないなぁ。**日常会話では、「a」をつけなくても全然問題ない。**

「a」をつけるのは、特定のものを指しているケースなのかな。例えば「It was a great lunch.」（素晴らしいランチだった）なら、ある特定のランチについて話しているわけだから「a」をつけた方がよさそう。

やま

ケビン

そうだね、文脈によっては必要。でも基本的には、会話において「lunch」や「dinner」には冠詞をつけない人が多いと思うよ。

原則として、「breakfast」「lunch」「dinner」に冠詞の「a」は不要。「昨日のディナー」「月イチのランチ会」など、特定のものを指す場合は「a」が必要になる。

take / get

なぜ「ポケモン take だぜ！」
とは言わないのか

Kevin's English Room Chat

> **本質的な違いは、受け身か自発か**

ケビン

> この2つの違いはかなり難しい。「取る」っていう意味にしても、両者ともいろいろなシチュエーションで使われるからね。**正直、ちゃんと説明しようとしたら3時間はかかる。**

個人的には、「get」の方が"モノにする感"があるっていうか、所有物にするっていうニュアンスが強いんじゃないかって思ってる。さっきの「lunch」のテーマでも、「get」は"手に入れる感"が強いって話が出たもんね。

かけ

わかるよ。アイテムゲット的なね。

やま

ポケモンだって「get」じゃん。「ポケモン take だぜ！」とは言わない。

かけ

「ポケモン」を「take」してるトレーナーは弱そうだな（笑）。

やま

ケビン

それは一理あって、例えば「take water」なら「水を手に取る」っていう意味だし、「get water」なら「水を手に入れる」っていうニュアンスになる。たしかに「get」の方が、自分の所有物にする意味合いが強いんだよね。ただ、見方を変えれば、**「get」は受け身で、「take」は自発的なニュアンスがある**って考えることもできるんだ。

どういうこと？

かけ

ケビン

例えば、「I took a vacation.」と「I got a vacation.」（休暇をとった）。この2つを比較すると、「took（take）」の方は、その人が会社に申請して休暇をとったニュアンスがある。対して「got（get）」の方は、意図せず休暇がとれたっていう雰囲気があるんだよね。

なるほど！ さっきの「take water」「get water」の例文なら、
意図的に水を取るのが「take」で、「get」は偶発的に水を「手に入れた」可能性も示唆してるってことか。

やま

ケビン

そうそう。文脈にもよるんだけど、**「get」の方は、外からの何らかの働きかけによって手に入れた感じがするんだよね。**

意味は変わるけど、「It's getting cold.」（寒くなってきました）」
も「get」を使うもんな。

かけ

ケビン

ちなみに、「take」には「盗む」っていう意味もあって。「He took my pen.」で、「彼が私のペンを盗った」っていう意味にもなるから注意が必要。

そういう意味でも、やっぱり「take」は自発的だよね。乗り物に乗るときも「take a train」「take a bus」で、「get」とは言わないもんなぁ。

やま

……今の話だとさ、ポケモンは実は「take」が正解じゃない？

かけ

ケビン

本質的にはそうかもね（笑）。でもほら、「get」の方が"手に入れる感"が強いから、そこを表現したかったのかも。

まとめ

「take」と「get」の違い

自発的なニュアンスがあるかどうか

「take」は「自分の意思で取り込む」という自発的なニュアンスが、「get」には「外からの何らかの働きかけによって会得する」という受動的なニュアンスがある。また、「take」には「盗む」という意味もある。

例文

- **I got the pen that I wanted.**（欲しかったペンを手に入れた）
- **I took the pen that I wanted.**（欲しかったペンを盗んだ）
- **My sister always gets the biggest piece of the cake.**
  （姉はいつも一番大きなケーキをもらう）
- **My sister always takes the biggest piece of the cake.**
  （姉はいつも一番大きなケーキを取る）

so / very

33

「very」の方が堅苦しく感じるのはなぜ？

Kevin's English Room Chat

ニュアンスの違いは主観的か客観的か

「This is so big.」と「This is very big.」（とても大きい）。これ ▶ って意味は一緒だけど、「very」の方が堅苦しい気がする。

やま

わかる。「Thank you very much.」と「Thank you so much.」 ▶ なら、「so」の方が気持ちがこもってる印象を受ける。

かけ

ケビン

その理由は、「so」にはその人の主観が込められていて、「very」の方は、事実に基づいたことを客観的に表現しているニュアンスがあるからだろうな。

どういうこと？ ▶

かけ

ケビン

例えば、「Mt. Fuji is very big.」（富士山はとても大きい）は、「大きい」ことを一般論として説明している印象を受ける。一方で、「Mt. Fuji is so big.」なら、実際に富士山を見た人が言っている雰囲気があるね。

なるほどね〜。だから「so」の方が気持ちがこもってる印象を受けるんだ。

やま

観光名所の案内人だったら「so」より「very」が多いだろうね。「この建物はとても古いです」「この遺跡はかなり大きいです」とか、全部事実として認知されてることだから。

かけ

ケビン

そうだね。やまちゃんが感じる「堅苦しさ」は、そういうバックグラウンドがあるからだと思うな。

ちなみに「really」（本当に）はどう？

かけ

ケビン

「really」は「so」と非常に近いね。「The hamburgers here are really tasty.」（ここのハンバーガーはマジでうまいよ）って感じで、その人の主観でモノを言っている感じがする。

まとめ

「so」と「very」（とても）の違い

「so」は主観的、「very」は客観的

「so」はその人の主観が込められた表現、「very」は一般論に基づいたことを表現するときに使われやすい言葉。同じ意味の「really」は「so」のニュアンスに近い。

例文

- **She is so beautiful.**（彼女はとても美しい）
- **The sea in Okinawa is very beautiful.**
  （沖縄の海はとても美しい）

「very」のちょっと意外な使い方

ケビン

ちょっとイレギュラーな使い方なんだけど、「very day」とか「very book」みたいに、**名詞の前に「very」をつける表現方法があるんだよね。**

名詞の前に「very」がつくのって、違和感がすごいな（笑）。例えばどんな使い方をするの？

かけ

ケビン

「スマホが壊れちゃった。しかも同じ日に、財布も落としちゃった！」っていう文章なら、「I broke my smartphone and lost my wallet on the very same day!」。「同じ日に」っていうのを強調するために「very same day」って使い方をしてる。

その場合は、日本語にすると「まさに」っていう感じかな。

やま

ケビン

それに近いね。「まさに」「これこそが」みたいな意味で、後に続く名詞を強調する役割を果たしているよ。

「very」＋名詞で、その名詞を強調する役割を果たす。

例文

This is the very book that I was looking for.

（これこそが私が探していた本です）

at last / finally

"お待たせ！感"を出したいときに
言う言葉は？

Kevin's English Room Chat

> 自分の気持ちがのっているかどうか

「ついに」「とうとう」っていう意味の「at last」と「finally」。この違いはどう？

かけ

 しいて言うなら、**「at last」の方が、" 皆さんお待ちかねの！感 "がある。**

ケビン

説明お願いします（笑）。

やま

 「at last」は、「At last, I found her.」（ついに彼女を見つけた）みたいにハッピーな内容のことにしか使えないんだよね。対して**「finally」は、ハッピーなことにもネガティブなことにも使える。** 例えば、「Finally, he used up his savings.」（彼はとうとう貯金を使い切ってしまった）っていう文章に「at last」を使うのはおかしい。

ケビン

そういう意味の " お待ちかね感 " ね（笑）。

かけ

ケビン

> ちなみに「finally」には、スピーチやプレゼンの締めくくりなんかに使う「最後に」っていう意味もあるよ。

「甘いものを控えていたが、ついに痩せることはできなかった」っ ▶
ていう否定文でも、「at last」「finally」は使えるの？

かけ

ケビン

> 「ついに〜できなかった」っていう否定文に「at last」「finally」を使うのはやや違和感がある。かけちゃんが挙げてくれた例文なら、「I was trying to cut down on desserts, but I couldn't lost weight, in the end.」みたいに、「in the end」（ついに、結局）とか「after all」を使うとナチュラルだね。

まとめ

「at last」と「finally」（ついに）の違い

ネガティブなことに使えるのは「finally」だけ

両者とも「ついに」「とうとう」の意味だが、「at last」はポジティブな内容にしか使えない。「finally」は、スピーチの締めなどに使われる「最後に」の意味もある。また、「ついに〜できなかった」という否定文には「in the end」「after all」などを使う。

例文

- **Finally, I would like to thank all of you.**
  （最後に、皆さんに感謝の気持ちを伝えたいです）
- **Finally, the last food was exhausted.**
  （とうとう食糧備蓄が尽きた）
- **At last, the game begins!**
  （ついにゲームの始まりです！）

some / any

**「なんでもいいから！」という
必死感があるのは？**

Kevin's English Room Chat

否定的な要素を感じる「any」

この2つの違いはわかる！ 肯定文で使うのが「some」、否定文 ▶
で使うのが「any」って習った。

かけ

ケビン

そうだね。どっちも「いくつか」「いくらか」「何人か」っていう
意味で、**肯定文で使うか、否定文で使うかの違いがある。**
「I have some money.」(お金をいくらか持っている)、「I don't
have any money.」(お金をいくらも持っていない)って感じだね。

意味は同じだけど、2つのニュアンスの違いってあるのかな？ ▶

やま

ケビン

例えば「Do you have some paper?」と「Do you have any
paper?」(紙、持ってない？)の違いってわかる？

なんとなく、「Do you have any paper?」の方が、「なんでもい ▶
いから紙ない？」っていう必死感がある。

かけ

ケビン

まさにそんな感じ。「some」だと「何枚か持ってない？」で、
「any」だと「1枚でもいいから持ってない？」っていうニュアン
スの違いがある。

やっぱり「any」の方が否定的なイメージはあるよね。**「any kind of 〜」（どんな種類の〜でも）**っていうフレーズがあるけど、これも「どんな種類でもいいから」的な否定要素を感じる。

やま

ケビン

「She can play any kinds of musical instruments.」（彼女はどんな楽器でも弾ける）。文の意味は肯定的だけど、「any」の使い方にフォーカスをあてると、やまちゃんの言う通り否定感があるね。

ちなみに「some kind of」っていうフレーズはあるの？

かけ

ケビン

ある。これはまた全然違う意味で、「ある種の〜」「何かの〜」っていう感じ。「some kind of mistake」（何かの間違い）みたいな使い方をするよ。

まとめ

「some」と「any」（いくつか）の違い

肯定文は「some」、否定文は「any」

肯定文では「some」、否定文では「any」を用いる。疑問文など同じ形式の文で使う場合は、some は「いくつか」、any は「どんなものであろうと」というニュアンスの差が生じる。

例文

- **I think I have some battery left in this mobile charger.**
  （このモバイルバッテリーなら電池残ってるかも）
- **Do you have any pen I can borrow?**
  （なんか借りてもいいいペン持ってない？）

except / besides

ポイントは
「すでに知っている」かどうか

Kevin's English Room Chat

> ## 「besides」を使うべきシチュエーションとは?

そもそも「besides」ってどういう意味なんだっけ?

かけ

ケビン

いろいろな意味があるんだけど、「except」と同じように **「～以外で」** っていう言葉としても使われるね。じゃあ「except」と何が違うの?っていうのが今回のテーマ。

「～以外で」って言いたいときは、ほとんど「except」を使っちゃうな。「besides」じゃなきゃいけないシチュエーションってある?

やま

ケビン

例えば、3人で関西旅行の計画を立てているとするじゃない。京都に行くことは決まってて、それ以外にどこに行く?って言いたいときは、「Where do you want to go besides Kyoto?」。この場合は、「except Kyoto」よりも「besides Kyoto」って言った方が自然なんだよな。

「besides」だと「京都に加えて」っていう意味で、「except」だと「京都以外に」ってニュアンスになるのかな。

かけ

ケビン

ところが、そうとも言い切れないのよ。例えばやまちゃんが「京都はあんまり行きたくない」って言いだして、「じゃあ、京都以外でどこに行く？」って言うときも、「except」じゃなくて「Where do you want to go besides Kyoto?」が自然。

京都がすでに会話に出てきてるってことが重要なのかも。
「besides」には、周知の事実が紐づくんじゃない？

やま

ケビン

たしかに！　すでにわかりきってることを選択肢から外しているのかもしれない。ピアノを弾いている人に対して「Can you play any instruments besides piano?」（ピアノ以外に何か楽器を演奏できますか？）って聞く感じ。

なるほど。会話している人同士ですでに把握しあっていて、あらかじめ選択肢からその事柄を外しておきたいっていうケースは、「besides」を使う方が適しているんだね。

かけ

まとめ

「except」と「besides」（～以外に）の違い

「besides」には周知の事実が紐づく
会話している人同士で認知している事柄に関しては、「except」よりも「besides」を使う方が自然。

例文

- **Where have you traveled besides Europe?**
  （ヨーロッパ以外で、どこに旅行したことがありますか？）
- **Besides washing vegetable, what else can I help?**
  （野菜を洗う以外に、何か手伝えることはありますか？）

知っているようで知らない
「beside」と「besides」の違い

「beside」と「besides」は似ているけど、全然違う意味の単語なんだっけ？

かけ

ケビン

うん、全く別の単語だと思ってOK。「besides」はさっき言った通りの意味で、**「beside」には「〜のそばに」っていう物理的な意味がある。**「the house beside the river」（川の近くの家）、「the man who is standing beside you」（あなたのそばに立っている男）とかね。

「〜と比べて」っていう意味もあるよね。「You look young beside your brother.」（弟より若く見えるね）みたいに。

やま

ケビン

そうだね、その意味もあるな。

「beside」と「besides」、「s」があるかないかで意味が全然違うんだね。

かけ

「beside」は「besides」とよく似ているが、言葉の意味は全く違う。「〜のそばに」「〜と比べて」などの意味がある。

until / by

37

「〜までに」なのか、「〜までずっと」なのか

Kevin's English Room Chat

> 行為を継続してやっているかどうかで変わる

「〜まで」っていう期限を表す「until」と「by」。これ苦手だなぁ。前置詞ってややこしいイメージがある。
かけ

ケビン

簡単に言うと、**「until」には継続的な、「by」にはポイント的なニュアンスがあるんだよね。** 例えば、「I have to work until 8 pm.」（私は午後8時まで働かないといけない）は、8時までずっと働いているっていうニュアンスになる。一方で、「I have to finish my work by 8 pm.」（私は午後8時までに仕事を終わらせないといけない）なら、8時までのどこかで仕事を終わらせるっていうポイント的なニュアンスになるよ。

その行為をずっとやっているかどうかの違いなんだ。「I have to wash the dishes until tomorrow.」なら明日までずーっとお皿を洗っている状態で、「I have to wash the dishes by tomorrow.」なら、明日までに洗えばいいかって感じね。
やま

「18歳まで水泳を習っていました」ならどうなるの？　週1回スイミングスクールに通っていたら、それも継続になる？
かけ

37

ケビン

なるね。「I was learning swimming until I was 18 years old.」、この場合も「until」が正解。「昨日まで旅行に行ってました」も継続的なニュアンスで、「I was on vacation until yesterday.」っていう感じになるかな。

そう考えると、過去形だとほとんど「until」になるのかな。

かけ

いや、「宿題の提出期限、昨日までだった！」ならどう？

やま

ケビン

「The homework's due was by yesterday.」。過去形でも「by」を使うことはあるね。

まとめ

「until」と「by」(〜まで)の違い

「until」の方は継続して行う意味合いがある

「until」はその行為を継続的に行う場合、「by」はどこかのタイミングで行う場合に用いる。

例文

- **I slept until 2 pm because I was so tired.**
  (とても疲れていて、昼の2時まで寝ていた)
- **Can you stay at home until I come back?**
  (私が帰ってくるまで、家にいてくれますか？)
- **I fell asleep by morning.** (朝までには眠りについた)
- **Please call me by 5 pm.** (午後5時までにお電話ください)

「until」と「till」、ネイティブっぽいのはどっち?

「until」と「till」ってまったく同じ意味だよね。 ▶
やま

ケビン
まったく同じ意味。なぜその2つがあるのかは謎。

どっちを使った方がネイティブっぽいとかある? ▶
かけ

ケビン
会話では「till」の方がよく使われるから、そういう意味ではネイティブ感があるかもね。 SNS とか友達とのメールのやりとりでも、「till」の方が頻度が高い気がする。

逆に、ビジネスメールなら「until」を使った方がいいのかな。 ▶
やま

ケビン
そうとも言えるね。少しの差ではあるんだけど、「until」はややフォーマル、「till」はカジュアル寄りなフレーズって覚えておくといいかも。

「until」と「till」は同じ意味だが、「till」の方がカジュアルに使える単語。

38

from / since

会社が倒産してたら
「since ○○」は使えない

Kevin's English Room Chat

> 今もその状態・行為が続いているかどうか

「私は2020年からユーチューバーとして活動しています」って英語でなんて言う？

> 「I have been working as a YouTuber since 2020.」かな。

「since」じゃなくて「from」を使ったら違和感がある？

> いや、「from」でもOK。**「from」と「since」の違いは、今もその状態が続いているかどうか。今も継続しているなら「from」「since」どちらでも使えるんだけど、その状態が終了していて過去の話をしている場合は「from」しか使えないんだよね。**

仮にかけちゃんがユーチューバーを辞めていたら、「I had」って過去形にしたうえで、「from 2020」って言わなきゃいけないってことか。

よく、「since 1909」みたいに「since〈西暦〉」っていう企業のロゴがあるじゃん。あれってその企業が倒産してないから成り立つんだね。

かけ

そういうこと。

ケビン

同じように期間を表す前置詞で、「for」が使われることもあるよね？

やま

ケビン

「for」は期間の長さを表現するときに用いられる言葉。「I'm working as a YouTuber for 2 years.」（私はユーチューバーとして2年間活動しています）なら、「2年間」を「for」で表しているね。

まとめ

「from」「since」（〜から）の違い

今の話は「since」、過去の話は「from」

今もその状態が継続していれば「since」「from」、過去の話をしているのであれば「from」を用いる。また、期間の長さを表現できる前置詞として、「〜の間ずっと」という意味の「for」が挙げられる。

例文

• **The fashion magazine had been published from 1990 to 2005.**

（そのファッション雑誌は1990年から2005年まで出版されていた）

• **I've been studying English since 2018.**

（私は2018年から英語を勉強しています）

it / this / that

「それ」「これ」「あれ」
なんとなくで覚えてない？

Kevin's English Room Chat

> 目の前にあるかないか、距離感はどうか

日本語の「それ」とか「あれ」って、なんとなくで使えて便利な言葉じゃない？「it」「this」「that」の使い分けって、英語を勉強すればするほどややこしくなる気がするんだけど。

かけ

その気持ちはわかる。私も日本語の「あれ」とか「それ」にはすごく苦労したから（笑）。

ケビン

慣れってことなのか（笑）。でも一度、使い分けを整理したい。

かけ

パッと感じたのはこれかな！　例文を3つ挙げるよ。

ケビン

① It is dangerous.（それは危ない）

目の前に「それ」がない状態。

② This is dangerous.（これは危ない）

目の前に「これ」がある状態。

③ That is dangerous.（あれは危ない）

少し離れた場所に「あれ」がある状態。

でも微々たる差だから入れ替わる場合もあるな！　感じ方としてはあまり変わらないよ。

うん、たしかにこのイメージはあるな。「this」と「that」は、「これ」と「それ」の距離の違いだよね。

でもさ、「that」を使うときも、目の前に「それ」がないケースあるよね？

 共通の話題について話しているときなんかはそうだね。例えば私とやまちゃんが映画を観に行って、その次の日に「あの映画おもしろかったよな」って言う場合は「That movie was cool.」みたいに「that」を使うことができる。

その場合は、「this」じゃおかしいのかな。

 おかしい。過去のことを話してるから、距離的に近い「this」を使うのは違和感があるんだよね。

この場合の「that」は形容詞的な役割を果たしているから、「あれ」を指す「that」とは少し違う性質の「that」だね。

まとめ

「it」「this」「that」の違い

目の前にあるかないかで使い分ける

原則として、「it」は目の前に「それ」がない状態、「this」は目の前に「これ」がある状態、「that」は少し離れた場所に「あれ」がある状態で用いられる。

a/the

アメリカ人も混乱する
冠詞の使い分け

Kevin's English Room Chat

> ### 「概念」を考え出すと迷宮入りする

出た！ 英語の永遠のテーマ、「a」と「the」の違い。 ▶

かけ

難しすぎて、同じテーマで YouTube の動画をつくろうとしたけ ▶
ど何度も失敗したよね。

やま

ケビン

これは正直、アメリカ人でも混乱するテーマなんだよな。まず、
わかりやすい違いとしては、**「the」は特定のもの、「a」は
不特定多数の中の1つ**、ってことだな。

うん、それはすごくわかりやすいし、そう理解してる。 ▶

かけ

ケビン

「Do you have a pen?」は「（なんでもいいから）ペン持って
ない？」だし、「Do you have the pen?」なら「そのペン持っ
てる？」っていう意味になる。後者は、この質問をする前に、話
してる人たちの間でペンに関する話題が出てて、「で、そのペン
持ってる？」っていう感じね。

あきらかに特定のペンのことを指しているから「the」だね。

やま

ケビン

難しいのが、概念としての「the」。

概念……？

かけ

ケビン

概念って何？っていう話になっちゃうんだけど（笑）。私の理解では、**概念の「the」は「〜というもの」に置き換えられるかなと思ってて。** 例えば、「The cheetah is considered one of the fastest animals.」は、「チーターは最も速い動物の１つと考えられている」っていう意味なんだけど、この場合の「the」は、「チーターというもの」っていう概念を表しているんだよね。

ふむ。**チーターっていうカテゴリーを「the」で表現しているってことね。**

かけ

ケビン

そんな感じ。ちなみにこの場合、「The cheetah」を「Cheetahs」と複数形に置き換えることもできる。

ただ、「概念」って言っちゃうと、それこそなんでも概念になりえるからちょっと説明が難しいと思ってて。例えば今の話だと、「I like the apple.」（りんごというものが好きです）とも言えそうだけど、この文はおかしいよね？

やま

ケビン

おかしいな……。「りんごが好きです」は「I like apples.」が正解。

概念って客観的な情報だから、「チーター」＝「速い動物」みたい
に、主語と述語がイコールで結ばれないと「the」は成立しない
と思うんだよね。「I like apples.」は主観的でそれに当てはまら
ないから、「the」ではなく複数形を使う。

やま

「複数形」の要素も入ってきて、ちょっと混乱してきました（笑）。シ
ンプルに、「I like apples.」「I like the apple.」「I like an apple.」
の違いを説明するとしたら？

かけ

ケビン

「I like apples.」は「私はリンゴが好きです」。「I like the apple.」
は「私はそのリンゴが好きです」で、特定のリンゴを指してる
ね。「I like an apple.」は、「私は１つのリンゴが好きです」……
これは変だな（笑）。

例えば、毎朝のルーティーンでリンゴを１つ食べる人なら言える
かもしれないよ。「I like to eat an apple every morning.」（私
は毎朝リンゴを１つ食べるのが好きです）みたいにさ。

やま

ケビン

それだ！　「the」の概念の話は、ちょっと難しすぎるから今は
置いておこう。いつか整理して動画にアップしたい！

まとめ

「a」と「the」の違い

不特定多数か、特定のものか

「a」は不特定多数のなかの１つ、「the」は特定のものを指す。その
ほかにも、「the」はある種のカテゴリーや「〜というもの」という
概念的なニュアンスを表現する場合がある。

「a」の発音は「ア」か「エイ」か

ケビンってたまに、冠詞の「a」を「エイ」って発音しない？ あれって何か理由はあるの？

かけ

ケビン

意味はまったく変わらないんだけど、「エイ」って発音した場合、後に続く名詞をやや強調するニュアンスがあるかも。

「This is a（エイ）pen.」なら、「これが、まさにペンです！」みたいな感じ？

やま

ケビン

若干だけど、その雰囲気はあるかな。あと単純に、「エイー」っていうことで、会話の間をもたせてる感はある。

へえ！ 日本語の「えっとー」と近いってこと？

かけ

ケビン

うん、私的には、その役割も含めて「エイ」と言うことが多いかな。

冠詞の「a」は「エイ」と発音されることもある。意味は「ア」と同じだが、後に続く名詞をやや強調したり、含みを持たせたりするニュアンスがある。また、日本語の「え〜」と同じように、会話の間をもたせるために「エイ」と発音する場合もある。

Chapter

4

学校では
絶対に
教えてくれない
「使えるスラング」

FUCK

fuck

感情の高ぶりを表現

Kevin's English Room Chat

喜怒哀楽を表現できる万能ワード

ケビンと会話してすごく感じたのが、「fuck」が思ったより使い
やすい言葉なんだってこと。ケビンと話してると、めちゃくちゃ
「fuck」が出てくる(笑)。

かけ

ケビン

「fuck」は、日本ではちょっとだけ誤解されてるかも。よく和訳
されるような「バカ野郎」「クソったれ」みたいな意味もあるん
だけど、単純に、うれしいときや悲しいとき、悔しいとき、驚
いたとき、とにかく**気持ちが高ぶったときに使える便利な
言葉なんだよね。**

汎用性の高さでいったら、日本語の「ヤバい」に少し近いかもし
れないね。

やま

なるほど。例えば、宿題を忘れたら……?

かけ

ケビン

Fuck!!(焦りながら)

100万円あげるよ！

Fuck!?（驚き・喜びながら）

ケビン

やまちゃんが彼女に振られたって。

Oh, fuck......（悲しみながら）。

ケビン

万能ワードだけど、言い方が大事だよね（笑）。

これって、どのくらいまでなら使ってOKなんだろう。さすがに
上司に向かって言うのはまずいよね？

目上の人の前で使ったり、高級レストランで言ったりするのは
NGだけど、友達同士なら全然OK。「fuck」に限らず、スラン
グのなかでも、自分の気持ちや振る舞いを表現する言葉は、比
較的使いやすいよね。**逆に注意しなきゃいけないのは、他
人に向けた言葉。** 例えば、同じ「fuck」でも、「fuck you」
ならかなり過激な印象を与えてしまうから、使うシチュエーシ
ョンを考えなくちゃいけない。

ケビン

自分の気持ちの高ぶりを表現する場合の「fuck」なら、どんなシ
チュエーションでも使いやすそうだね。

fucking +（形容詞）

マジで〇〇

Kevin's English Room Chat

> ### 「マジで〇〇」のときの「fuck」の使い方

ケビン

> 「fuck」には、後に続く言葉を強調する役割もあるよ。よく耳にするフレーズが、「fuck 〇〇」とか「fucking 〇〇」。**日本語なら、「マジで」っていう言葉が意味的に近いかも。**

「マジで悲しい」なら「Fucking sad.」。「彼女、マジでかわいい!」なら、「She is fucking cute!」。
かけ

ケビン

> 「そうに決まってるじゃん!」っていう意味で、「Fuck yes!」っていうフレーズもよく使う。実はこの言葉、このあと紹介する「damn」でもまったく同じように活用できるよ。

「damn right」（その通り）、「damn good」（めっちゃいい）、「damn spicy」（マジで辛い）……こんな感じだね。
やま

例文

- **This video is fucking amazing.**
  （この動画はマジで最高）

you are fucked

あなたはもう終わりです

Kevin's English Room Chat

受動態にするととても悲しい意味に……

ケビン

ちなみに、「fuck」の受動態「be fucked」だと、どういう意味になると思う？

なんだろう……、あんまりいい意味じゃなさそうだけど。

やま

ケビン

「You are fucked」で、「あなたはもう終わりです」っていう意味。 例えば、かけちゃんが、会社の超大事な書類を失くしちゃったとするじゃない？　そういうときにこの言葉をかける。「Kake-chan, you're fucked.」で、「かけちゃん、お前終わったな」って意味。

その言葉をかけられないようにがんばるわ（笑）。

かけ

例文

• If we can't find that USB by the presentation day, we're fucked.

(もしプレゼンの日までにあの USB を見つけられなかったら、俺らは終わるよ)

what the fuck

04

はぁ？　なんだって!?

Kevin's English Room Chat

すべてを強調させる「fuck」のすごい働き

これもよく耳にする代表的 fuck ワード。 ▶

かけ

ケビン

「fuck」を使った熟語で最もよく使われるものの1つで、「はぁ？なんだって!?」っていう意味。「what」を「fuck」で強調していて、**「What?」よりも、「What the fuck?」の方が、"何？"感が強くなる。**

これも、どんなシチュエーションでも使っていいの？ ▶

やま

宿題を忘れて焦ってるときも、100万円もらって驚いたときも、 ▶ 彼女に振られたときも、「What the fuck!?」で変じゃない？

かけ

ケビン

うん、どんなシチュエーションでもハマる。ただ、P151〜152でやった「Fuck!」と同じように、言い方が大事だね。

ちょっと応用になるけど、「What is ○○」っていう疑問文に「the fuck」を挿入すると、より強い表現になるんだよね。

かけ

ケビン

その通り。

そうすると、「What the fuck is this?」で「なんだこれは⁉」、「What the fuck are you doing?」なら「なにやってるんだよ！」って感じになる。

かけ

ケビン

「what」に限らず、**「who」や「where」でも「fuck」の法則は一緒**。「Who the fuck are you?」で「お前は誰なんだよ！」、「Where the fuck am I?」で「いったいここはどこなんだ⁉」って感じかな。基本的に、**「what」や「who」とかの疑問詞のあとに「the fuck」がつくと、より強調されるって覚えておくといいかも。**

例文

- **What?**（何ですか？）
  → **What the fuck!?**（なんだって⁉）
- **Who are you?**（あなたは誰ですか？）
  → **Who the fuck are you!?**（お前は誰なんだよ！）
- **Where am I?**（ここはどこですか？）
  → **Where the fuck am I!?**（いったいここはどこなんだ⁉）

fuck it!

どうでもええわ！

Kevin's English Room Chat

> 投げ出したい気持ちを表現する言葉

ケビン

例えば、数学の問題がなかなか解けなくて、投げ出すときに一言、「Fuck it!」。「どうでもいい！」「もう無理！」みたいなニュアンスで使われるね。「it」じゃなくて、「Fuck this!」「Fuck that!」とかでも OK。

「Fuck 〇〇」で、「〇〇なんてどうでもいい」っていう意
味なんだね。人に対しては使える？
かけ

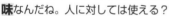

ケビン

使えるね。「Fuck him!」で、「もういいよ、あいつなんて！」っていう感じ。

でもさ、「fuck」って、動詞としては「性行為をする」っていう意
味もあるじゃない？ 「Fuck him」だったら、「彼と性行為をする」っていう意味にはならないの？
やま

ケビン

そこは文脈で判断するしかない。私が「Fuck Yama-chan!」って言っても、決して性行為を求めているわけではない（笑）。

go fuck yourself!/ fuck off!

どこかに消えろ！

Kevin's English Room Chat

> 「失せろ！」の過激ワードは笑顔で言おう

ケビン

「Go fuck yourself!」と「Fuck off!」には、どちらも「消え失せろ！」「どっか行け！」っていう意味がある。

口悪いな〜。
かけ

これ、友達に冗談として言うのはアリなの？ 「うるせえな、どっか行けよ〜（笑）」みたいな、ゆるい感じで。
やま

ケビン

あり、ただしつこいけど言い方が本当に大事（笑）。強い口調で言うと、「あ、マジで怒ってる」っていう印象を与えちゃうから、**友達に冗談っぽく使うなら、「Fuck off 〜（笑）」と笑顔で言ってみよう。**

それはそれで使い慣れてないと難しそうだな（笑）。
かけ

fuck me

やっちまった、最悪だ

Kevin's English Room Chat

> ### 自分の行動に失望したときも「fuck」

ケビン

「やっちまった、最悪だ……」は「Fuck me!」。**自分が犯したミスに対して、失望している感じだね。**

例えば寝坊したときなんかに「Fuck me!」って言える？ ▶

かけ

ケビン

その場合は「Fuck!」だな。でも、絶対寝坊しないようにアラームをかけまくって、友達にモーニングコールを頼んだにもかかわらず寝坊しちゃったなら、「Fuck me!」で OK。

難しいな（笑）。要は、ミスらないようにがんばってたのに、それ ▶
でも失敗しちゃったときに使うってこと？

やま

ケビン

そんな感じ。**「なにやってるんだ、オレ……」**っていうニュアンスが、「fuck」に比べてより強く含まれているんだよね。

don't fuck with me

なめるなよ！

Kevin's English Room Chat

> 「バカにしないで！」も「**fuck**」で言える

ケビン

「なめるなよ！」とか「もてあそぶなよ！」って言いたいときには、「Don't fuck with me!」が便利なスラング。

どんなシチュエーションで使えそうかな。
かけ

ケビン

例えば、彼氏が浮気をしていることが発覚して、彼女がめちゃくちゃ怒ったと。で、けっこう薄っぺらい言い訳を彼氏がしたりしたときに、「バカにしないで！」のニュアンスで「Don't fuck with me!」って言ったりね。

「Don't fuck with him.」みたいに、「me」の部分に他人がくるケースはないの？
やま

ケビン

ある。その場合は、「あいつに関わらない方がいい」っていう意味になって、「あいつ」をディスってるニュアンスが強くなるから注意が必要だね。

don't fuck around

ふざけてないで、本気でやりな！

Kevin's English Room Chat

俺はまだ本気出してないだけ？

ケビン

まず「fuck around」には、「ふざける」とか「本気で取り組んでない」みたいなニュアンスがあるんだ。よって、「Don't fuck around.」は、「しっかりしろ」「ちゃんとやれ」っていう意味のスラング。

じゃあさ、逆に「fuck around」を使って、「俺はまだ本気出してないから」って意味の言葉にできる？

かけ

ケビン

できるね。「I'm still only fucking around.」で、「お前、俺の本気を知らないだろう（キリッ）」って感じになる。

なんかカッコ悪い（笑）。

やま

例文

• **Guys! Stop fucking around! The performance day is almost there!**

（ちょっとみんな！ ちゃんとやって！ 本番まであと少しなんだから！）

be fucked up

頭がイカれてる

Kevin's English Room Chat

> 直訳したら「ぶっ壊れてる」だけど……

ケビン

「fuck up」っていう熟語には「ぶっ壊す」っていう意味があって。「He fucked up our plans.」を訳すと、「彼が私たちの計画を台無しにした」になる。だけど、「be fucked up」だと、「頭がイカれてる」っていうニュアンスになるんだ。

なるほど。例えば、「Kake-chan is fucked up」なら……？

やま

ケビン

「かけちゃんは頭がイカれてる」。「え、お前、20万円もするパソコン買ったの？　この前10万円のやつ買ったばっかりだよな？　You are fucked up!」みたいな感じ。

パソコンは最新式を使いたい派なんだよ！

かけ

例文

・**He is fucked up from studying so much.**

（彼は勉強しすぎて、頭がおかしくなった）

I don't give a fuck 11

どうでもいいよ

Kevin's English Room Chat

> 疑問形で「気にしないよな?」的にも使える

ケビン

「は? そんなの気にしねーよ」って感じで使いたい、「I don't give a fuck.」。「fuck」の部分を「shit」や「damn」に変えて使うこともできるよ。

「I don't care」(気にしません)のスラングって感じだね。
かけ

ケビン

「I don't give a fuck about you.」(お前のことなんかどうでもいいよ)っていう使い方かな。

これ、疑問文にもならない? **「Do you give a fuck?」**って
聞いたことがある気がするんだけど。
やま

ケビン

それもよく使う。「まさかそんなこと気にしないよね?」って感じで、「そんな小さいこと言ってんじゃねーよ」っていうニュアンスが多分に含まれてる感じだね。

例文

- **I don't give a fuck about your new car.**
  (お前の新しい車なんてどうでもいいよ)

12 shut the fuck up

うるせー、黙れ！

Kevin's English Room Chat

> ## 動詞を強調する「fuck」の使い方

ケビン

「shut up」（黙れ）に「the fuck」を追加することで、より強い表現になっているスラングだね。

これってさ、「shut up」っていう動詞の部分を強調している「the fuck」なんだよね。つまり、ほかの動詞でも同じ法則でいけるってこと？　例えば「sit down」（座れ）なら？

やま

ケビン

「Sit the fuck down!」（座りやがれ！）、「Calm the fuck down!」（落ち着きやがれ！）、「Grow the fuck up!」（大人になりやがれ！）。うん、いろいろな動詞に組み合わせられる。

「take care」（お大事に）は？

かけ

ケビン

「Take the fuck care!」……いや、これは聞いたことない（笑）。"やがれ！感"がないと、「fuck」とは組み合わせられないんだろうな。まあ、これは過激な表現だから気をつけた方がいいな。

motherfucker /
fuck face

13

カス、クソ野郎

> ### be動詞とセットで使うと超危険

ケビン

これはもう、超過激スラング。さっきも言ったけど、「motherfucker」「fuck face」みたいな他人に向けてのスラングは、アメリカでも不快に思う人がたくさんいるからあまり使わない方がいいかもしれない。

このあたりのスラングは、友達にも使いづらい？
かけ

ケビン

実際のところ、使っちゃう（笑）。**ポイントは、「are」とかのbe動詞を入れないことかな。**例えば「You motherfucker!」と「You are a motherfucker!」は受ける印象にかなり差があって、後者はちょっと笑えない感じなんだよね。

「are」が入ると「あなたはマザーファッカーです」って断言してる
感があるからかな。
やま

ケビン

そう！　**「You motherfucker!」なら、「お前クソ野郎だな〜（笑）」っていう、愛のあるいじりに変えられる。**もちろん、言い方も大事ね。

SHIT

shit/holy shit

14

感情の高ぶりを表現

Kevin's English Room Chat

> ### 「shit」と「fuck」は好みで使い分けよう

僕の中で、「fuck」と「shit」はスラングの双璧といえるな。映画 ▶
とか観ても両方よく耳にするよ。

かけ

ケビン

「shit」も「fuck」と同じくらいポピュラーなスラングだよね。
直訳すると「クソったれ」とか「排泄物」みたいな意味になる
んだけど、これも「fuck」と同じように、**気持ちが高ぶった
ときに使える言葉**。うれしいとき、悲しいとき、驚いたとき
なんかに「shit!」って言えるよ。

「holy shit!」もよく耳にするんだけど、どういう意味？ ▶

かけ

ケビン

「shit」とまったく同じ意味で、使い方も一緒。「holy」（聖な
る）がついてるけど、"聖なる感"は1ミリもないね。

「fuck」とのニュアンスの違いってあるの？　こういうときは ▶
「fuck」、この場合は「shit」とか使い分けてる？

やま

ケビン

いや、ない。好みの問題かも。

ケビンはどっち派なの？
やま

ケビン

……「fuck」の方が言ってる気がする（笑）。

そのイメージはある！　ケビンが文章読んでるとき、「fuck」って
書いてないのに勝手に「fuck」って言い足してるときあるよね
（笑）。
かけ

ケビン

まあ、それくらい気軽に使える言葉っていうことだよ（笑）。

例文

- **Shit, I forgot my wallet at home.**
  （クソ、財布を家に忘れてきた）
- **You may not believe it, but I won the lottery!**
  （信じられないだろうけど、宝くじに当たったの！）
  ——Holy shit! That's crazy!（うそでしょ！ ヤバいじゃん！）

shitty +（名詞）

15

使い物にならない○○

Kevin's English Room Chat

> 基本は物に対して使う言葉だけど……

ケビン

例えば、買ってきたナイフが全然切れなかったら、「It's a shitty knife!」（このナイフ、使えねーな！）って感じ。使い物にならないっていうか、ほとんど「ゴミ！」っていうニュアンスに近いかも。

「shit」の形容詞バージョンって感じだね。 これって人に使ってもいいの？ 「あいつ、使えないな」みたいなニュアンスで。

かけ

ケビン

本来なら物に対して使うフレーズだけど、あえて人に使うケースもあって、その場合はより「ゴミ野郎」っていうニュアンスが強くなる。「He is a shitty guy.」なら「あいつ、ゴミだな」みたいに、性格をディスるフレーズになるかな。

例文

- **He is using a shitty smartphone.**
  （彼はゴミみたいなスマホを持ってるな）
- **What a shitty camera! The autofocus is never on point.**
  （なんて使えないカメラなんだ！ オートフォーカスがぜんぜん機能しない）

a piece of shit

ゴミ、ポンコツ

Kevin's English Room Chat

名詞につけて使う「shit」の代表スラング

ケビン

「shit」「shitty ○○」と似てるんだけど、**「a piece of shit」**もかなりよく使われるスラング。「This PC is a piece of shit.」（このパソコン、ポンコツだわ）、「He is definitely a piece of shit.」（あいつは確実にカス野郎だ）みたいに、物にも人にも使える。要するに、ゴミとかポンコツって意味。

直訳すると「shit のカケラ」だからね。めちゃくちゃひどい言葉（笑）。

かけ

これ、考え方によっては「shit」より格下感あるよね。カケラだもん……。

やま

例文

• **I can't believe I paid ¥4000 for this piece of shit dinner.**
（このゴミみたいなディナーに 4000 円も払ったなんて信じられない）

take a shit / go shit

17

うんこしてくるわ

Kevin's English Room Chat

置いてくるものだけど「take」

ケビン

「take a shit」 もしくは **「go shit」** で「うんこしてくるわ」の意味になります。「shit」本来の意味である「うんこ」を活かしたスラングだね。

活かすな（笑）。
かけ

「go」はわかるんだけどさ、「うんこする」に「take」を使うのはちょっと不思議な感じがしない？
やま

ケビン

置いてくるものなのにね……。

「take a vacation」（休暇をとる）と同じニュアンスの「take」なんじゃない？　「うんこの時間をとる」みたいな。
かけ

ケビン

なるほど、するどい分析かもしれないね。ちなみにおしっこに行く場合は、「take a piss」「go piss」などと言います。

know my shit

オレの仕事のことはオレが一番わかってる

Kevin's English Room Chat

プロ意識が垣間見られるカッコいい「shit」

ケビン

例えばかけちゃんがさ、動画について何も知らない友達に、聞いてもないのに「動画のサムネイル、もっとこうすべきだよ」みたいなアドバイスを受けたとするじゃん。そのときにはコレ、**「I know my shit!」**って言ってやって。**「オレの仕事のことは、オレが一番わかってるから!」**っていう意味だから。

まあ、ちょっと言いたくなるよね（笑）。
かけ

仕事以外には使えないの？　例えば、家族で家事を分担してて、お母さんに「早く食器洗っちゃってよ！」って言われたときに「I know my shit!」って言うのは変？
やま

ケビン

家事でもいいんだけど、「やりなさい！」→「やるよ！」っていうニュアンスじゃないんだよね。**その仕事、もしくは作業内容に関して「自分はかなり精通してる」っていう意味なの。**「If you want to be a programmer, you have to know your shit.」（もしプログラマーになりたいなら、専門性がないと勝てないよ）とかね。

あれ、ちょっとカッコよくない？

かけ

カッコいい（笑）。自分の誇るべき専門性を「shit」って表現してるあたりが最高にクール。

やま

なんでこれ、「shit」を使うんだろう。

かけ

ケビン

スラングだと、自分の所有物とか関わっている事柄のことを、大雑把に「shit」っていう言葉で表現する傾向があるんだよね。冷静に考えると不思議なんだけど（笑）。

例文

• **I know my shit. Don't tell me what to do!**
（オレの仕事はオレが一番わかってる。オレに指示出しするな！）

the shit

最高、これしか勝たん

Kevin's English Room Chat

> 「shit」は最高の褒め言葉にも使える

うそ。これ「shit」と真逆の意味じゃん。

かけ

 そうなんだよ。**「the」がつくと、「これしか勝たん」みたいな最上級の褒め言葉になっちゃう。**「That movie was the shit!」は「あの映画、最高だったな！」になるね。

ケビン

「the」をとると？

やま

 「That movie was shit.」（あの映画、最低だったな）、完全なるディスになる。ちなみに、「○○ is shit」っていう言い方は、会話では伝わるけど、「That was a shitty movie.」とか、「That movie was a piece of shit.」が正しい「shit」の使い方だね。

ケビン

例文

• **Bruno Mars is the shit! I love him!**

（ブルーノ・マーズは最高！ 大好き！）

full of shit

20

ウソつき、不誠実なヤツ

Kevin's English Room Chat

> 「不誠実」な人に対して物言おう

ケビン

「full of shit」 は「ウソつき」とか「不誠実」って意味。「He is full of shit.」で「あいつはウソつき野郎だな」っていうニュアンスになるね。

「shitty」とか「a piece of shit」も、人に対する罵倒のスラングだったじゃない。何か違いはあるの？

やま

ケビン

「full of shit」はもっと"不誠実感"が強くて、ウソをつく、約束を守らない、矛盾だらけ、みたいな印象を与えるね。 例えば、女の子が彼氏のことを「He is full of shit.」って言ってたら、浮気をしたとか、何かよくないウソをついたんだなって想像できる。政府とか教育機関とか、組織に対して使われることもあるよ。「The government is full of shit.」（政府は矛盾だらけだ）とかね。

例文

- **Don't be full of shit. Tell me the truth.**

  （嘘ばっかりつくなよ。本当のことを教えろ）

in deep shit

かなりまずい状況

Kevin's English Room Chat

銀行強盗を企んでヘマをしたときにはぜひ

ケビン

例えば、かけちゃんがやまちゃんのパソコンを落として壊しちゃったとする。それを横で見ていた私が、「You are in deep shit.」（お前、かなりヤバいぞ）。**「in deep shit」は、「まずい状況にいる」っていう意味で使われるスラングだね。**

「状況」だから「in」なんだね。「オレたち、ヤバいよ！」っていう感じで「we are」でもいいの？

やま

ケビン

うん。私とやまちゃんが銀行強盗をして、セキュリティのアラームが鳴っちゃった場合なんかに「We are in deep shit!」って使えるね。

たとえが雑（笑）。

かけ

例文

• **Oh......you're in deep shit for breaking that laptop you borrowed from him.**

（あぁ……、彼から借りたノートパソコンを壊すなんて、お前、かなりまずいよ）

scare the shit out of 22

死ぬほどびっくりした！

Kevin's English Room Chat

お化け屋敷に行ったらいっぱい使おう

ケビン

これもかなり使う頻度が高いスラング。**「scare the shit out of ○○」**で「○○を驚かせる」っていう意味があって、「You scared the shit out of me!」で「死ぬほどびびったわ！」っていうニュアンスになります。

これ、どういう状況で使うの？　お化け屋敷で、めっちゃ驚かせてきたお化けに対して言うとか？

かけ

ケビン

それでもいいし、お化け側は「I will scare the shit out of you.」（お前をめちゃくちゃ怖がらせてやる）っていうふうにも言える。それか普通に、部屋に急に入ってこられて「You scared the shit out of me! knock first!」（めちゃめちゃびっくりした！ノックしてよ！）とかね。

例文

• **I didn't know you were in the room. You scared the shit out of me.**

（君が部屋にいるって知らなかった。死ぬほどびっくりしたわ）

23

scared shitless

めちゃくちゃ怖かった！

世界共通の「ちびった」ワード

ケビン

さっきの「scare the shit out of」とちょっと近いんだけど、**「めちゃくちゃ怖かった」を「scared shitless」って言ったりする。** 例えば、「When the cops pulled me over, I was scared shitless.」（警察に呼び止められたときは、死ぬほど怖かった）って感じ。

「shit」は「scare」を使ったフレーズが多くない？ 「出るものが出なくなるくらい怖かった」っていうイメージがあるのかな。

やま

日本語でも、怖かったときや驚いたときに「ちびった」とか言うからね。その逆バージョンの可能性はある。

かけ

「ちびる」みたいな感覚は世界共通なのかも（笑）。

やま

例文

• **The first time I got on an airplane, I was scared shitless.**

（初めて飛行機に乗ったとき、めちゃくちゃ怖かった）

bullshit/bullshitting 24

でたらめ、たわごと

Kevin's English Room Chat

> いろんな場面でよく使われる「**bullshit**」

ケビン

「I won the lottery!」（宝くじに当たった！）、「That's bullshit.」（たわごと乙）みたいな感じで、**「bullshit」には「でたらめ」とか「たわごと」っていう意味があるよ。さらに、「でたらめを言う」みたいに動詞で使うこともできる。**

「Don't bullshitting.」で「でたらめ言うのをやめろ」って感じ？ ▶

かけ

ケビン

うん。その言い方だと、誰かが言い訳をしているときに「くだらない言い訳はやめろ。いい加減正直に言え」っていう意味で使えるな。あとは例えば、仕事で上司に怒られたときとかに、「I bullshitted my boss and got away!」（上司に適当に言い訳して何とか乗り切ったぜ！）みたいな使い方もできる。

「くだらないこと／適当なことを言う」みたいなニュアンスもあるんだ。いろんなシチュエーションで使えるスラングかも。 ▶

かけ

no shit

マジで!?、当然だろ

Kevin's English Room Chat

> いいニュースと悪いニュース

ケビン

「no shit」、これには正反対の2つの意味があって。1つめは、**ポジティブな驚きのときに使う。**「I won the lottery!」「——No shit!」(宝くじに当たった！うそだろ！)、「They got married!」「——No shit!」(彼ら、結婚したらしいよ！　マジで！)っていう感じね。

「shit!」と同じ使い方だけど、いいニュース限定なんだ。

やま

ケビン

そう、だからもう1つの使い方の方が頻度が高いんだけど、**「は？　当然だろ」っていう真逆の意味で使われるんだよね。**「Did you know that SMAP disbanded?」「——No shit!」(SMAPって解散したの知ってた？　知ってるわ)みたいな。

へぇー！　ちょっと小馬鹿にしてる感じね。

かけ

ケビン

これはアメリカでよくある皮肉的な表現なんだよね。誰もがわかりきってることを言われて、あえて「マジで?」っていう意味の「no shit」って返すことで、「今さら?」みたいな空気感を出す。

なるほどねー。でもそれってややこしくない? そのニュアンスってちゃんと伝わるもの?

やま

ケビン

「no shit」には真逆の2つの意味があるから言い方が大事だね。「マジで!?」っていう驚きを表現したいときは「No shit!?」って語尾を上げる感じで、「当然だろ」のニュアンスで使う場合は、どこにもアクセントをつけずに冷静な感じで言うのがポイントかな。

やっぱりアクセントが重要なんだね。

かけ

例文

かけ　Kevin, did you say you liked pizza?
（ケビン、ピザって好きだったっけ?）

ケビン　No shit! I eat it every month!
（当たり前だろ! 毎月食べてるわ!）

やま　Nice shirt, Kevin. Did you buy that at UNIQLO?
（ケビンそのシャツいいね。ユニクロで買ったの?）

ケビン　No shit! Every single clothing I own is bought at UNIQLO.
（当たり前だろ! 俺が持ってる服は全部ユニクロだわ）

DAMN

damn

26

感情の高ぶりを表現

Kevin's English Room Chat

> ### 生まれながらのけなし文句

ケビン

「fuck」「shit」に続き、スラング界ではおなじみの **「damn」**。「クソ」とか「ちくしょう」みたいな意味だけど、これも、気持ちが高ぶったとき、オールマイティに使える便利な言葉です。

「fuck」（性行為）、「shit」（排泄物）は独立した意味があるけど、「damn」だけないよね。調べたけど、「ちくしょう」とか「けなす言葉」としか出てこなかった。

やま

「damn」は生まれながらのけなし文句なのかもしれない。

かけ

ケビン

「damn」と同じ意味の言葉に「damn it」が挙げられるね。**ただし、「damn it」はポジティブな気分の表現には使えない**。「Damn it! I missed the last train.」（クソ！　終電逃した）みたいに、ネガティブな感情表現に使おう。

例文

- **Damn, this pasta is so good!**
  （ヤバい、このパスタめちゃくちゃおいしい！）

damn you!

お前、このやろう！

Kevin's English Room Chat

ハッピーに怒りたいときにもおすすめ

ケビン

「damn you!」は、「（こぶしをふりあげながら）お前、このやろう！」って感じ。

……なんかその怒り方だとギャグに感じるんだけど（笑）。むしろ「damn you」は、ガチで切れてる感じではなくて、ちょっと笑いながら怒ってる感じのニュアンス？

やま

ケビン

そうだなぁ、「fuck you!」に比べると、ちょっと軽い感じはあるかも。もちろん言い方次第ではあるんだけど、**「このやろう（笑）」くらいのハッピーなニュアンスでもいけるな。**

『ONE PIECE』（集英社）のチョッパーが「コノヤロー♡」って言う感じ？

かけ

ケビン

『ONE PIECE』読んでないからわからない（笑）。

damn＋(名詞)

28

ゴミ○○、ポンコツ○○

Kevin's English Room Chat

> やまちゃんのスマホは「**damn**」ではない？

「shitty＋(名詞)」で「使い物にならない○○」って話があったけど、「damn＋(名詞)」も同じような意味なのかな？

かけ

> ニュアンスが若干違うんだよね。**「shitty」は「機能性が劣ってる」っていう意味合いが強いんだけど、「damn」は「この物自体がポンコツ、ゴミ」って感じで乱暴な表現なんだよな。**

ケビン

なるほど。例えば、やまちゃんのみたいに8ギガしか容量がないスマホなら「This is a shitty smartphone.」(これは使えないスマホだ)、棚からスマホが落ちてきて足の小指にあたった場合は「This damn smartphone!」(このポンコツなスマホが！)になるって理解で合ってる？

かけ

> うん、合ってる。

ケビン

さりげなくディスるのやめてもらえる？

やま

BITCH

bitch

29

ヘタレ（男性）、イヤな（女性）

Kevin's English Room Chat

> ## 「bitch= 尻軽女」とは限らない

ケビン

「bitch」って、日本語だとよく「尻軽女」みたいに訳されるじゃない。アメリカではもう少し別の意味合いで使われることが多いんだよな。

「尻軽女」っていうニュアンスは今やあんまりなくて、普通に男性にも使われるスラングっていうよね。

やま

ケビン

そうそう。対男性なら**「ヘタレ男」**とか**「エラい人の言いなり」**っていう意味で、女性に使う場合は「うざい女」とか、**とにかくイヤな性格の女性っていう意味になるかな。**

これって、女性が女性に対して使うイメージある？　よく海外ドラマでチアリーダーが、ほかの女の子に向かって言ってる印象があるんだけど（笑）。

かけ

ケビン

っていうより、**女性が思う"イヤな女性像"が「bitch」**なんだよね。「ぶりっこ」とか「腹黒い」とか、そういう女性を「bitch」って表現しているね。

最近だとさ、ポジティブな意味で「bitch」を使うシーンもよく見 ▶
かけない？ 例えば洋楽の女性アーティストが、自分のことを
「bitch」とか「bad bitch」って言ったり。

やま

ケビン

そうだね。**女性が自分のことを「bitch」って言う場合は、**
「自立した女性」とか「魅力的な女性」っていうニュアン
スを感じるな。間違いなくポジティブな意味合いで「bitch」
っていう言葉を使ってるね。

そういうポジティブな意味合いを込めて、男性が女性に「bitch」 ▶
って言うのはありなの？

かけ

ケビン

いや、まだそこまで世の中が追いついてないと思う（笑）。普通
にディスに聞こえるからやめとこう。

例文

- **He is such a bitch trying to look tough.**
  （あいつはタフぶってるけど、ただのヘタレだよ）

- **When Johnny's in the room, Lindey is a completely**
  different person. What a bitch.
  （ジョニーが現れると、リンジーはまったく別人になる。なんてぶ
  りっ子なの）

- **She's the baddest bitch in town. She has so much**
  confidence.
  （彼女がこの町で一番イケてる女よ。彼女は自信に満ちている）

bitchy

ヘタレ、イヤな

Kevin's English Room Chat

ガールズ同士の挨拶でも使える

ケビン

「bitch」とほとんど同じ意味で、「bitchy」っていう単語もあります。「He is bitchy.」（あいつヘタレだな）って感じで、使い方もほぼ一緒。

「bitch」の形容詞バージョンだね。
やま

この言い方は初めて聞いた。
かけ

ケビン

「bitch」がポジティブな意味合いになることもあるって話が出たけど、**「Hey, my bitchy girls!」（ヘイ、あんたたち！）** っていう言い方もあって。イメージ的には、仲のいい友達に親しみを込めて、馴れ合う感じでかける言葉だね。

海外ドラマに出てくる女の子たちが言ってそうな雰囲気あるわ（笑）。
かけ

being bitchy

イヤな感じだよね

Kevin's English Room Chat

本当は違うんだけど今日の行動は「**being bitchy**」

ケビン

本当は良い人なんだけど、今日はちょっとイヤな感じだよね。これを表現したいときに便利なのが、「being bitchy」っていうフレーズ。「She is a bitch.」は「彼女はイヤな女」だけど、「She is being bitchy today.」なら**「今日の彼女、イヤな感じだよね」っていうニュアンスになる。**

「is」のあとに「being」が続くのって、ちょっと耳慣れない感じがする。
かけ

ケビン

「is being」は、その人の一時的な行動や態度を表すフレーズなんだよね。「He is being rude today.」なら、「(いつもはそんなことないけど) 今日の彼は失礼ですね」っていう感じ。

なるほど、「bitch」以外の言葉でも使えるフレーズなんだね。
やま

ケビン

そうなんだけど、特に「being bitchy」がよく使われるから、そのままスラングとして覚えてもいいかも。「She was being a little bit bitchy last night.」(昨夜の彼女はちょっとイヤな感じだったよね) とかね。

son of a bitch

クソ野郎！

Kevin's English Room Chat

なぜか「息子」にだけ与えられた特権

ケビン

これはおなじみのスラングだね。直訳すると「メス犬の息子」だけど、単純に **「クソ野郎！」っていう感じで悪態をつくときに使う。**「Sorry, I ate your cake in the fridge.」（ごめん、冷蔵庫にあるお前のケーキ食べちゃった）って言われたときに「Son of a bitch!」（クソ野郎！）って返す感じ。

「daughter(娘) of a bitch」とは言わない？
かけ

ケビン

言わない。

「grandchild(孫) of a bitch」は？
やま

ケビン

言わない（笑）。なぜか「息子」です。

「motherfucker」や「fuck face」も同じ「クソ野郎」って意味だ
けど、その2つと比べてクソ野郎度合いの違いはある？
かけ

ケビン

「son of a bitch」が一番ライトな「クソ野郎」だろうね。気軽に使える感じはある。あと、その2つにはない、「son of a bitch」特有の使い方があるよ。かなり高難易度だけど。

ほうほう、どんなの？

やま

ケビン

例えば、銀行のATMの前で「これってどうやって使うの？」って聞かれて説明するとき。「It's easy. You just have to stick the card into that son of a bitch.」（簡単だよ。カードをこれにぶち込めばいいだけ）。

え？　全然意味がわからないんだけど（笑）。「ATM」を「son of a bitch」に言い換えてる？

かけ

ケビン

別にATMじゃなくてもいいんだけど、**対象を「son of a bitch」に置き換えることで、その動作の大雑把な感じを表現してるんだよね**。目の前にサラダがあって「Pour some dressings on this son of a bitch.」（このサラダにドレッシングをぶっかける）とか、マッシュポテトを作るときに「Smash this son of a bitch.」（そのポテトをぶっ潰して）とか。

なんとなく投げやり感は伝わるけど、高度過ぎてネイティブじゃ ないと使いこなせないだろうな（笑）。

やま

life is a bitch

33

人生って大変だなぁ

Kevin's English Room Chat

> 月曜の朝はとにかくこんな気持ちになる

ケビン

「bitch」は単純に、「イヤなもの」とか「面倒なもの」っていう意味もあって。**「○○ is a bitch」で、○○をネガティブに表現することができるよ。**例えば「Life is a bitch.」なら、何かイヤなことがあって「あ～あ、人生って大変だなぁ」って嘆いてるニュアンス。ちょっと愚痴っぽい感じだね。

じゃあ、みんなが憂鬱になりがちな週明けの月曜とかも「bitch」？ ▶

かけ

ケビン

そうそう。楽しかった週末が終わって月曜日が始まったときは、「Monday morning is a bitch.」（月曜日の朝は最悪だ）だね。

例文

- **Working after hours on a Friday night is a bitch.**
  （金曜の夜の残業は最悪だ）

ASS

ass / asshole

34

（バカ寄りの）クズ

Kevin's English Room Chat

> 子どもっぽい行いをする人にはこの言葉

ケビン

「ass」、「asshole」、これらもスラングで多用されてるね。どちらも「クズ」という意味です。

「fuck face」（クソ野郎）、「full of shit」（不誠実）、「bitch」（イヤなやつ）、たくさん罵倒語が出てきたけど、「ass」は「クズ」なんだ？

かけ

ケビン

クズで、ちょっとバカっぽいニュアンスもある。ショッピングカートに乗って爆走するとか、部屋の中で花火するとか、そういう子どもっぽい行いをする人のイメージだな。

クズと言っても、知性を感じられないクズというか。

かけ

ケビン

そう。ちょっと言葉悪いけど、バカ寄りのクズ。

ひどい悪口（笑）。

やま

dumb-ass

アホ、バカ

Kevin's English Room Chat

> **テストで0点を取るけどいいヤツ**

ケビン

そもそも「dumb」は「バカ」っていう意味の単語で、そこに「ass」がついてスラング化した言葉。その由来の通り、「ass」や「asshole」に比べて、かなりバカ度が高いディスりフレーズだね。

イメージ的には、テストで0点取る人とか？ ▶
かけ

ケビン

「dumb-ass」だね。真冬にTシャツで自転車に乗ってる人とかね。

でもなんか、ちょっといいヤツそうじゃない？（笑）▶
やま

ケビン

その可能性もある。「ass」みたいな「クズ」要素がないから、友達とかに親しみを込めて「お前、バカだなぁ」って感じで使えるスラングかもしれないね。

jackass

36

アホでイヤなヤツ

Kevin's English Room Chat

> 乱暴してそうな危ないヤツ

「ass」関連のスラングは「アホ」「バカ」シリーズが多いな（笑）。

かけ

> 全体的に知能が低い系だね。ただ、この「jackass」は、知能っていうより「バカな行動をする人」みたいなニュアンスがある。棒とか振り回して器物損害してそうなイメージ。乱暴者。

ケビン

こわっ。「dumb-ass」はいいヤツっぽい印象があったけど、「jackass」はイヤなヤツじゃない？

やま

> 「jackass」は友達より嫌いな人に向けて言うことが多いから、「イヤなヤツ」っていうニュアンスもあるだろうね。

ケビン

ジャイアンのイメージだな。

やま

ジャイアンはいいヤツだけどね。

かけ

36

36

36

36

kick one's ass

ボコボコにしてやる

Kevin's English Room Chat

> **スポーツの勝ち負けにも使える**

ケビン

ケンカする直前とかに **「I'm gonna kick his ass!」** ってよく言うんだけど、このフレーズには「あいつをボコボコにしてやる」っていう意味があるよ。

かけ

それって、ボコボコ必須？　お尻に一発蹴りを入れるだけじゃ「kick his ass」って言わないの？

ケビン

一発じゃ「kick his ass」とは言わないね。**「ボコボコにする」とか「ぶっとばす」っていうニュアンス** だから、それなりに打ちのめしたい感じはある。

やま

言ってみたいけど、ケンカするシチュエーションがあんまりないからなぁ……。

かけ

物理的にボコボコにするシチュエーションだけにしか使えないのかな。例えば、上司に怒られたときに「My boss kicked my ass.」っていう使い方はおかしい？

ケビン

それはちょっと変だけど、例えば**スポーツの試合とかゲームの勝ち負けなんかではよく使う。**サッカーチームが相手のチームに対して「We're gonna kick their ass!」（あいつらを打ち負かしてやる！）って言ったりね。

逆に自分たちが負かされたときは、かけちゃんが言ったみたいに「kicked my ass」っていう言い方でいいの？

やま

ケビン

そうだね。「You always kick my ass.」で「お前には勝てないよ」っていう感じにも言えるかな。

例文

• **I kicked his ass for trying to flirt with my girl.**
（俺の彼女に手を出そうとしたからそいつをボコボコにしてやった）

• **He's probably gonna get his ass kicked when his parents find out that he damaged their car.**
（両親の車で事故ったことがバレたら、おそらく彼はボコボコにされるだろうな）

badass

イケてる

Kevin's English Room Chat

> **ルパン的な人にぜひ言ってほしい**

ケビン

「He is a badass.」。これ、どういう意味だと思う？

「bad」に「ass」だから、これもひどい悪口なんじゃないの？
かけ

ケビン

ところが、「彼はイケてる」って意味なんだよ。ただ、**単純にイケメンっていう意味じゃなくて、ちょっと不良っぽかったり腕っぷしが強かったりするイメージ。** 女性にも使われる言葉なんだけど。

女性なら、大型バイクを乗りこなしてる人とか？
やま

ケビン

「badass」だね。

ルパンは？
かけ

ケビン

それも「badass」だね。

ルフィは「badass」じゃないよね？
かけ

ケビン

だから、『ONE PIECE』読んでないんだってば（笑）。ちなみに、「badass」はその人のスキルに対しても使えるよ。例えば「Kake-chan is a badass singer.」（かけちゃんはクールなシンガーだ）とか、「Yama-chan is a badass pianist.」（やまちゃんはスゴいピアニストだ）とかね。

物にも使える？
やま

ケビン

物も人と同じように、ちょっとダークでクールなイメージのものを「badass」って表現するかな。「That badass car!」（あのめちゃくちゃカッコいい車！）、「Your badass tattoo.」（あなたのイケてるタトゥー）っていう感じ。

例文

- **It was so awesome that I got to ride that badass car.**
  （あのイケてる車に乗れて最高だった）

～one's ass off

死ぬほど～

Kevin's English Room Chat

> **「尻を犠牲にするほど」何かをやる**

ケビン

「I laughed my ass off.」（死ぬほど笑った）、「He worked his ass off last night.」（昨夜、彼は死ぬほど働いた）。**「～one's ass off」で「死ぬほど～」っていう意味になるね。**

「ass off」が「死ぬほど」ってどういう感覚なんだろう。日本語の
「尻を叩く」的なニュアンスとも違うしな。

かけ

ケビン

なんとなく、「死ぬほど＝尻を犠牲にするほど」っていう感じなんじゃない？

日本語の感覚で理解するのは難しいな……。

やま

例文

• **I worked my ass off to buy this new car.**

（この新しい車を買うために死ぬほど働いた）

a pain in the ass

40

関わったら面倒くさいヤツ

Kevin's English Room Chat

「**a pain in the ass**」にならないように注意しよう

ケビン

職場で新しい部下ができたけど、人の話を聞かずに同じミスばかりする。そういう部下は「a pain in the ass」。**「関わりたくない人」「トラブルのもと」「面倒な人」っていうニュアンスで使われるスラングだよ。**

直訳すると、「ケツの痛み」をもたらす人ってこと？

かけ

本当にトラブルのもとって感じがするな。

やま

ケビン

ちなみに物にも使えるよ。イケアのセールでつい買っちゃったけど、こんな大きなタンス持ち帰れなくてどうしよう……、「This huge chest is a pain in the ass.」とかね。**物の場合は、「扱いに困るもの」っていうニュアンスだね。**

例文

He's a pain in the ass, so don't get involved with him.
（彼は面倒くさいから、関わるのはやめよう）

お上品
スラング

crap / snap / shoot

41

既存スラング：shit
（クソ！／あらゆる感情の高ぶり）

Kevin's English Room Chat

> 気軽に「クソ！」と言いたいとき

ケビン

> スラングを使ってみたいけど、下品な感じにはなりたくない……。そんな人のために、**「お上品スラング」**をご紹介しましょう！

スラングに抵抗がある人でも気軽に使えるライトなスラングだね。
かけ

ケビン

> **お上品スラングっていうのは、基本的に、既存のスラングを別の言葉で代用する形になるんだよね。** 例えば、「shit」をちょっとお上品に言いたいときは、「crap」「snap」「shoot」とかで代用できる。

「crap!」で「クソ！」って意味になるの？
やま

ケビン

> 意味は「クソ！」なんだけど、「shit」みたいに下品な感じはしない。驚いたときや悔しいとき、「やっちまった！」っていうときの「shit!」の代わりの言葉として使えるよ。

「crap」「snap」「shoot」の３つは全部一緒なのかな。使い分けたりはしない？

かけ

ケビン

この３つの中では「crap」が一番お上品度が低くて、若い人がよく使うイメージがある。反対に、年配の方なんかが使うのが「snap」「shoot」だな。

おばあちゃんなんかも使うんだ。

かけ

ケビン

「snap」「shoot」は、おばあちゃんやおじいちゃんが使っても違和感がない、かなりソフトな表現。大統領の前でも使える。

でも、逆に言ったら「shit!」っていうおばあちゃんもいるでしょ？

やま

ケビン

まあ、そういうハードコアおばあちゃんもいるだろうね（笑）。

fudge

42

既存スラング:fuck
（クソ！／あらゆる感情の高ぶり）

Kevin's English Room Chat

> 音が似ているからお上品スラングに採用

ケビン

「fuck!」を上品に言いたい場合は、**「fudge!」**。

「fudge」ってもともとはどういう意味なの？

かけ

ケビン

チョコレートファッジとかいうけど、お菓子のことだよね。それがなんで「fuck」の代わりになるかはわからない。

こういうスラングの代用言葉って、**単純に音が似ている言葉を当てはめてるんじゃないかなぁ。**

やま

ケビン

そうかもね。「fudge」もそうだけど、単語の意味を考えると「？」ってなるものが多い。

音が似てるから、覚えやすくていいけどね。

かけ

darn / dang

既存スラング：damn
（ちくしょう！、マジで○○）

Kevin's English Room Chat

「ちくしょう！」を優雅に言おう

ケビン

「darn」「dang」は「damn」のお上品バージョンだね。

スーツ姿のジェントルマンが、「Dang it! I forgot my laptop at home.」（しまった！　PCを家に忘れてきてしまった）って優雅に言ってる感じね。

やま

ケビン

「damn ○○」（マジで○○）っていう使い方も「darn」「dang」で代用できるよ。「This hamburger is darn good!」（このハンバーガー、すっごくおいしい！）とかね。

お上品スラングってさぁ、上品には言ってるけど、あくまでスラングの上品バージョンなんだよね。上品だけど、「スラング言ってるな」っていう感じはあるってこと？

かけ

ケビン

そう。その辺りの感覚は不思議さは、私も感じてる（笑）。

oh my gosh/
holy moly

44

既存スラング：**oh my God**
（マジか）

Kevin's English Room Chat

「**God**」と口に出すのは憚られるとき

そもそも、「oh my God」がスラングっていう認識があまりなかったかも。「shit」とか「ass」とか汚い言葉が入ってないから。

かけ

ケビン

「oh my God」は日常的に使われてはいるけど、**宗教的な観点で言うと注意が必要な言葉**だね。特にキリスト教の人にとっては、「『God』をスラングに使うなんて！」っていう感覚があって、あんまりいい顔をしない人もいる。

じゃあ教会では絶対に言えないね。「oh my gosh」なら教会で言っても大丈夫？

かけ

ケビン

教会なら「oh my gosh」も言わない（笑）。教会以外の場所なら、「oh my God」のかわりに「oh my gosh」とか「holy moly」を使ったりするよ。

「oh my gosh」と「holy moly」にニュアンスの違いはあるの？

やま

ケビン

意味は同じだけど、**「holy moly」の方がポップな感じがあるんだよな。** なんかこう、「ホーリーモーリー♪」って響きもポップじゃない？

言い方（笑）。どんなシチュエーションで使うのか、あんまり想像できないんだけど。

やま

ケビン

そうだなぁ。例えばレストランでピザを頼んだらめちゃくちゃ大きいサイズのピザが出てきて、「Holy moly!」（めっちゃでかい！）とか。あとは、子どもに対して使ったりするね。

「holy moly」は少しコミカルな要素があるんだね。クールキャラの人は言わなそう。

かけ

ケビン

そうだね、おもしろ要素があるから、年配の方もあまり使わないかもしれない。

普通にスラングを使いたい人なら「oh my God」、ちょっとお上品に言いたい人やクールキャラの人は「oh my gosh」、コミカル＆ポップがお好みなら「holy moly」みたいな。

やま

自分のキャラで使い分けよう。

かけ

good grief

45

既存スラング：oh my God
（マジか）

Kevin's English Room Chat

> 「いい悲しみ」はそれだけで使ってみたい

ケビン

もう１つ、「oh my God」の代わりに使えるお上品スラングがあって、それが **「good grief」**。想定していなかったことが起きたときの驚きを表現するフレーズだよ。

「good」って入ってるけど、悪い内容のことにも使えるの？
かけ

ケビン

良いことにも悪いことにも使える。「Good grief! I got the ticket tonight!」（マジか！ 今夜のチケットが当たったよ！）、「Good grief! The server went down.」（ウソだろ！ サーバーがダウンしやがった）みたいな感じ。

「grief」っていう単語自体には「悲しみ」っていう意味があるんだね。
やま

「good grief」（いい悲しみ）……なんかカッコいい。使っていきたい。
かけ

日常会話でよく使う その他のスラング

■ piss off　どっか行けよ

「fuck off」「go fuck yourself」などと同じ意味で使われる。単語としての「piss」は「おしっこ」の意味。

例文　・Piss off! I don't ever want to look at your face.

　　　　（出ていって！ 二度と顔を見たくない）

■ pissed　激おこ

「I'm pissed」で「めちゃくちゃ怒ってる」の意味。「piss ○○（人）off」で「○○を怒らせる」という意味になる。

例文　・He pissed me off.（彼は私をめちゃめちゃイラつかせた）

■ dickhead　バカ

「dumb-ass」と似た意味で使われるが、より相手を蔑むニュアンスが強い。

例文　・They are dickheads.（あいつら、バカだよね）

■ bastard　クソ野郎

「fuck face」「son of a bitch」などと同じ意味で使われる。他人には使わない方がいい言葉の1つ。

例文　・Some bastard stole my wallet!

　　　　（どこかのクソ野郎がオレの財布を盗んだ！）

■ oh my God　マジで！　ヤバい！

驚きの表現。うれしいとき、悔しいとき、悲しいときなどあらゆる感情の高まりを表現し、「fuck」「shit」などと近い。

例文　・Oh my God! I won the live ticket!

　　　　（ヤバい！ ライブのチケットが当たった！）

SNSやチャットで使えるテキストスラング

■ **BRB**　**Be Right Back** / すぐ戻るよ

■ **BTW**　**By The Way** / ちなみに

■ **JK**　**Just Kidding** / 冗談、冗談

■ **LMAO**　**Laughing My Ass Off** / わらわらわら

■ **OMG**　**Oh My God** / マジで！ ヤバい！

■ **POV**　**Point Of View** / 自分の観点

■ **THX**　**Thanks** / ありがとう

■ **WTF**　**What The Fuck?** / はぁ？ なんだって？

■ **XOXO**　**Hugs and Kisses** / じゃあね！

■ **TGIF**　**Thank God It's Friday** / 花金だ、最高！

■ **TTYL**　**Talk To You Later** / またあとでね！

■ **IMO**　**In My Opinion** / 私的には

■ **IDK**　**I Don't Know** / わからない

■ **LMK**　**Let Me Know** / 教えて

■ **FYI**　**For Your Information** / 参考までに

ネイティブのチャットやSNSでよく見かけるのがテキストスラング。イディオムの頭文字を打つだけだから簡単だし、誰でも気軽に使えるので、ぜひ試してみよう。

3人が初めて語る
Kevin's English Room
誕生秘話

ケビンの第一印象はとにかく「イケイケな人」

かけ あらためて、僕たちの出会いについて振り返ってみようと思うんだけど。出会って7年?

ケビン そうだね。大学1年生のときに知り合ったから。

やま 3人とも歌が好きで、大学のアカペラサークルで一緒になったんだよね。かけちゃんは、ケビンの第一印象ってどんなだった?

かけ ……黒い(笑)。

ケビン ちょっと!(笑)

やま たしかに、当時のケビンは、日焼けしててめちゃくちゃ黒かった。あと髪もなんか、ちょっとイケてる風だった(笑)。

かけ サークルに入ってすぐ新歓(新人歓迎)合宿があったじゃない。そのときにケビンと同じ部屋だったんだけど、夜、みんなで雑談が始まって。まだ入学したばっかりで、お互い、ちょっと距離があるじゃん? でもケビンだけ自分のぶっちゃけトークを披露してきて、「こいつ、身を削ってんなぁ」って思ったの覚えてるわ(笑)。

やま 新歓合宿のことは僕も覚えてる。ケビンとは違う部屋だったんだけど、夜、いきなり女の子連れて乱入してきたよね(笑)。

ケビン そんなことあったっけ……?

やま とにかく黒いし、歯は白いし、イケイケな人だなって感じ。自己紹介も「ケ

ビン」だし（笑）。

かけ　「なんだよ『ケビン』って」って感じだったよね（笑）。実際はそんなことなかったんだけど、第一印象は「チャラいやつ」だった。

緊張気味なリーダーやま、ファッションリーダーかけ

ケビン　ひどいなぁ！　新歓合宿でいえば、私はやまちゃんにびっくりしたよ。合宿でさ、アカペラ楽曲をグループごとに披露する発表会みたいなのがあったじゃない。そのとき、なぜかやまちゃんは、グループで1人だけサングラスをつけてステージに登場したんだよな。

かけ　新歓合宿だけじゃなくて、基本、人前で歌うときはサングラスつけてたよね。

ケビン　「この人、なんでサングラスつけてるんだろう……」ってちょっとザワついた（笑）。後々仲良くなってわかったんだけど、あれは緊張を和らげるためにつけてたんだよね。サークル入って半年くらいはサングラスだったから、やまちゃんは緊張しやすい人っていう印象があった。

かけ　でも同時に、リーダー的存在っていうイメージもあるな。アカペラサークルの代表になったし、中学のときはサッカー部のリーダーもやってたんだよね。

やま　そうそう、中学のときはサッカー部だった。

かけ　サークルのイベントを企画するときも、「こんなことやったらおもしろそうだよね」っていう話をやまちゃんとよくしてた。そういう意味で、企画やものづくりに対して、自分と近い感性を持ってる印象があったな。

ケビン　かけちゃんは、私の中でとにかく「賢いやつ」。イベントの打ち合わせのときとか、かけちゃんの頭の回転が速すぎて誰もついていけないんだよね。発言が理解できなくて、「こいつ、なに言ってんだ……？」的な空気になる。今でこそ、みんなの三歩先を行った発言をしてたんだなってわかるけどね。

やま　僕のかけちゃんの第一印象は、「パリコレ」だね。

ケビン　ファッションがね（笑）。

やま　当時のかけちゃんって、髪の色が白とか青で、服装もこう……なんか、白い
カーテンみたいなの着てなかった？（笑）　パリコレみたいな服を着て、似たような格
好した友達とつるんでて、キャンパス内で見かけると「イケてる集団」って感じだっ
た。ファッションも三歩先を行ってた。

かけ　高校が私服だったし、当時は服屋で働いてたから、たしかにいつもキメキメ
だったかもしれない（笑）。今はだいぶ落ち着いて、TPO をわきまえた格好をするよ
うにしてるけど、ファッションは変わらず好きだね。

「Kevin's English Room」はこうしてできあがった

かけ　大学 2 年のときに、将来のことをぼんやりと考えてて、「3 人で一緒にビジネ
スができたらいいね」っていう話が出た。その下準備として、実験的に、ケビンと 2
人で台湾かき氷の移動販売をやったの覚えてる？

ケビン　大赤字で終わったやつね（笑）。でも、食材も車も自分たちで用意して、経
営とかやり方も考えながらやって、一応形にはなった。3 年生になってからは、「動画
配信でおもしろいことができないか」ってなって、自分たちで動画を撮り始めたよね。
「Kevin's English Room」の前身といってもいいのかな。

やま　いやぁ、3 人がただただふざける動画だったからね（笑）。

かけ　でも一応、日本語、英語、フランス語でトークする内容だったから、今やっ
ていることの原形といえるかもしれない。まあ、結局鳴かず飛ばずで、卒業後は 3
人とも普通に就職して、別々の道を歩んだんだけど。

やま　再び動画を撮りだしたきっかけって、何だった？

ケビン　私が転職を重ねた結果、飲食店をやり始めて、それをかけちゃんとやまち
ゃんが手伝うようになったんだよ。それで、ちょっとヒマな時間があって、私とやま
ちゃんが店の裏でふざけて撮影した動画が予想以上にバズったっていう（笑）。

やま 「ネイティブによるＦ○○Ｋの使い方あるある」ね。

ケビン スラングみたいにカジュアルなテーマの英語コンテンツはおもしろいかも、っていう考えはあったんだけど、本当に軽い気持ちでつくった。「Kevin's English Room」っていう名前も、最初は「Kevin's English Class」にする予定が、一文字オーバーで枠に収まらないから「『Room』でいいか！」って適当に決めたもんね（笑）。

台本なしだからこそ生まれる「エンタメ感」

かけ まあでも、「ネイティブによるＦ○○Ｋの使い方あるある」のヒットで、「この方向でいけるかも」って思えたのは確か。そこから英語コンテンツの動画配信に本腰を入れていくわけだけど、あらためて、僕たちの動画のコンセプトって何だろう？

ケビン 「日本人視点ファースト」であることかな。英語って情報がいっぱいあるから、「これも伝えたい」「あれも伝えたい」ってなっちゃうけど、日本人が観ておもしろいと感じるかどうか、日本人が知って驚く情報かどうかっていう軸はブレさせない。それと、コメディ要素があること。ストーリーラインから演者の表情まで、エンタメみたいに楽しめるのが私たちの動画の強みだと思う。

やま 「これだ」っていう答えを出さないのも、僕たちの動画の特徴だと思うな。「これもアリだし、こういう考え方も楽しいね」っていう間口の広いスタンスで、英語をより深く、楽しく理解できる。質問に対して答えありきではなくて、３人で答えを探していく感じは大切にしたい。

かけ 基本的に台本がないから、僕らも結論がどうなるかわからないまま喋ってるもんね（笑）。だけど、それが実は、英語を理解するうえでは大切なことで。１つのテーマに対して疑問が生まれて、その答えが出たら次の疑問が生まれてっていう自然な流れができる。「これはこういうものだ」っていうふうに断定せずに、言葉の本質的な部分に迫っていけるのは、僕たちの動画ならではかもしれないね。

<u>ケビンのおすすめ！　英語を上達させるコツ</u>

かけ　これは僕含め、この本を手に取ってくれた方々も聞きたいことだと思うんだけど。ズバリ、英語の上達方法を教えてください！

ケビン　いろいろあると思うけど、私のおすすめは２つあって。１つは、子ども向けの英語のアニメを観ること。これは私が小学生のときに無意識に実践していたことなんだけど、アニメを観てると、わからない単語が脳に残るわけよ。それをヒマなときに調べて……っていうのを習慣づけていくと、上達が早い気がする。

やま　それって子ども向けのアニメじゃなくちゃいけないの？

ケビン　子ども向けのアニメって、すべてがシンプルじゃない。ストーリーもシンプル、感情もシンプル、表情もシンプル。だから英語が入ってきやすいと思う。アメリカの子ども向けのテレビ局「Cartoon Network」「Disney Channel」「Nickelodeon」とかで検索して、試しに観てほしいな。

かけ　なるほど。もう１つは？

ケビン　何かのファンになること！　アイドルでも俳優でも何でもいいんだけど、"推し"ができれば、英語を調べるのも苦じゃなくなるでしょ。あるいは、お気に入りの海外ドラマを見つけるのもいいよね。スラングが多用されているから、日常会話にかなり近い英語力を身につけられるかも。

やま　でも、作品はある程度選ぶべきじゃない？　以前、タイに行ったときに、日本語ペラペラのタイ人の方がいて。日本の映画を観て勉強したらしいんだけど、なんか口調がサムライなのよ。「おぬし」って言うし（笑）。

ケビン　たしかに違和感がすごい人になっちゃう可能性もあるけど、それもそれで楽しいと思う（笑）。喋れないよりは全然いいし。

なぜ日本育ちのやまちゃんは英語がペラペラなのか

かけ 英語の上達方法については、ぜひやまちゃんにも教えてもらいたい。英語圏で生活したことがないのに、なんでそんなに英語ペラペラなの？　おかしくない？

やま これは明白。「hippo」のおかげ。

ケビン 出た……。やまちゃんの家の怖い話。

かけ やまちゃんの家って、いろんな言語がスピーカーからずっと流れてるんだよね。

ケビン 初めて家に遊びに行ったとき、本当にびっくりした。部屋のあらゆるところにスピーカーが設置されてて、それぞれのスピーカーから違う言語で物語が流れてくるの。英語、中国語、フランス語、韓国語の声が、同時に聞こえてくる。でも、やまちゃんもご家族の方も全然普通で、「ケビンくん、コーヒーでも飲む？」って感じなのよ。

かけ 「この声が聞こえてるのは僕らだけ？」って思ったよね（笑）。

やま たしかに、知らない人には独特の宗教感があるかも（笑）。「hippo」っていう団体があって、多言語の自然習得を目指す活動をしてるんだよね。要は、単語とか文法とかを勉強するんじゃなくて、感覚的に言語を身につけようっていうことなんだけど。例えば、3か国語が話されている国で生まれた赤ちゃんは、勉強しなくても自然に3か国語喋れるようになるんだって。それを実践してみようっていうのが「hippo」の試みで、僕は2歳からそれに参加してるんだよね。

ケビン それって、多言語を同時にスピーカーで流す必要はあるの？

やま そのときはたまたま多言語だったんだけど、1か国語だけをずっと流してるときもある。要は、実験の一環なんだよね。

上達に必要なのはインプットとアウトプット

かけ でも結果、やまちゃんは英語ペラペラになってるわけだから、ものすごく効果があるってことだよね。

やま ただ聞いてるだけじゃなくて、シャドーイング（聞いた英語を真似て発音する訓練方法）もかなりやってた。意味はわからないんだけど、とりあえず耳にした音をマネしてみる。感覚としては、単語とかの細かい知識は置いておいて、英語のリズムを先に体に覚えさせる感じ。

ケビン コミュニケーションをするのが目的であれば、それが一番効率がいいと思う。

かけ じゃあさ、「hippo」流を自分なりに実践しようと思ったら、どうすればいいの？

やま まずスピーカーを 20 台買います（笑）。

ケビン いきなり終了じゃん（笑）。例えば、歩いているときとか、家でボーっとしてるときとかに、洋楽とか洋画のサウンドを聞くのは効果的？

やま 効果的だし、それに加えてアウトプットもした方がいい。シャドーイング的に、とにかくマネして口に出してみる。あと、リスニングのときも、何を言っているかはなんとなくわかってた方がいいと思う。最初に日本語訳を理解しておくとか、BGM で悲しいシーンなんだなっていうのを把握しておくとか。

かけ なるほど。非常に勉強になりました。

ケビン 韓国語を勉強したいから、試してみよう！

今こそ 3 人が語る「僕たちの未来」

かけ おかげさまで、2021 年 2 月に、「Kevin's English Room」のチャンネル登録者数が 20 万人に達しました。

ケビン　うれしいね。ありがたいね。

やま　ありがたいね。観ていただいているすべての方に感謝したい。

かけ　これを1つの節目として、2人の今後の目標を聞いてみたいな。

ケビン　かけちゃんとやまちゃんはよく知ってると思うけど、私は、「今自分がハッピーかどうか」っていうのをものすごく気にする性格なのよ。

やま　だから転職歴も多めだよね（笑）。

ケビン　そう（笑）。つねに満足する時間の使い方をしたいし、後悔は絶対したくない。加えて、ゼロから何かをつくりだすことが好きだから、現状にとどまらず、何かに挑戦していきたいっていう思いはあるね。「Kevin's English Room」でいえば、今はYouTubeとTikTokが中心だけど、近い未来に新しいプラットフォームが出てくるかもしれない。そういう変化に柔軟に対応していきたいし、コンテンツも、英語に限らず新しいことにチャレンジしてみてもいいかもしれない。3人の個性をもっと活かして、オリジナリティあふれるテーマでアウトプットしていけたらいいな。

かけ　僕も方向性としてはケビンと同じだな。現状は、3人が共通して興味のある「英語」っていうテーマに集中している状態。一方で、個々でもっと得意な分野や好きなものがあったりして、そういう意味では、発信できることはまだまだたくさんあると思ってる。今、やまちゃんと注力している音楽活動もその一環だよね。英語のコンテンツも続けながら、そのあたりにも力を入れていきたいな。

やま　僕は、月並みな言葉になるけど、3人で楽しくやっていくのが目標。もともと僕ら3人、大学のサークルで知り合って、遊んでた延長線でここまで来た感覚があって。「成功したい」っていう気持ちよりも、昔からベースにある、いい意味での友達感覚を大切にしたい。それをいろんな人が見て、楽しんでもらえたら幸せだよね。

かけ　でも、YouTubeから銀の盾が届いたときは、さすがにテンション上がったでしょ？

やま　それは上がるだろ！

おわりに

　最後までお読みいただき、ありがとうございました！
　僕たちの talk を通して、なにか新しい発見はありましたか？
　お読みいただいてわかるように、僕たちはまだまだ模索中です(笑)。

　この本を出すにあたり、たくさんの新たなテーマを考察する機会に恵まれました。
「これってなんでこの単語を使うんだろう？」
「このフレーズとこのフレーズは何が違うんだろう？」
　ああでもない、こうでもないと3人で試行錯誤していくなかで、言語を学ぶことの奥深さ、文化の違いのおもしろさをあらためて実感できた気がします。
　本書をお読みいただいた皆さんと、この気持ちを共有できればこれほどうれしいことはありません。

　最後に、本書の出版にあたり、製作にご協力いただいたすべての方々にお礼を申し上げます。

　動画でまた皆さんとお会いできるのを楽しみにしています！

Kevin's English Room
ケビン、かけ、やま

ブックデザイン	杉山健太郎
イラスト	岡村亮太
執筆協力	荒井奈央
DTP	エヴリ・シンク
校正	鷗来堂
企画協力	株式会社TORIHADA/PPP STUDIO
編集	金子拓也

Kevin's English Room
（ケビンズ・イングリッシュ・ルーム）

アメリカ生まれ、高校1年生から日本に住む「ケビン」、企画ネタ担当の「かけ」、
英語のほかフランス語も話せるトリリンガル「やま」の3人組ユニット。
英語・音楽・日常をテーマにアップすると、これが大ヒット。
瞬く間に TikTok のフォロワー80万人、YouTube のチャンネル登録者数20万人
（2021年2月現在）を獲得し、大人気ユニットへと急成長する。

その英語、本当にあってる？
ネイティブならこう答えます

2021年3月18日　初版発行
2024年8月30日　7版発行

著　者	Kevin's English Room
発行者	山下直久
発　行	株式会社KADOKAWA
	〒102-8177 東京都千代田区富士見2-13-3
	電話 0570-002-301（ナビダイヤル）
印刷所	大日本印刷株式会社